EL PORQUÉ DE LAS FRASES I
A-J

DELFÍN CARBONELL

www.fraseshechas.guiaburros.es

Diseño de cubierta: ©Andrea Fernández Rodríguez (EDITATUM)
Maquetación de interior: © EDITATUM

Primera edición: junio de 2020

ISBN: 978-84-18121-19-7
Depósito legal: M-11394-2020

IMPRESO EN ESPAÑA/ PRINTED IN SPAIN

Si después de leer este libro, lo ha considerado como útil e interesante, le agradeceríamos que hiciera sobre él una **reseña honesta en Amazon** y nos enviara un e-mail a **opiniones@guiaburros.es** para poder, desde la editorial, enviarle **como regalo otro libro de nuestra colección.**

Agradecimientos

En su "Breve prólogo sobre mis prólogos"[1]*, el Dr. Gregorio Marañón dice que escribir prólogos: "… es un acto de convivencia intelectual; y puesto que la vida intelectual necesita, como aire respirable, de la cordialidad, he aquí que no sólo no debe rechazarse jamás escribir un prólogo que se nos solicita, sino que, cualquiera que sea la calidad del autor y del libro prologado, ha de estimarse como un deber honroso y una eficaz obligación." Así lo sintieron los autores que aceptaron prologar libros míos. Me regalaron su tiempo y sus palabras, y su amistad también, ejerciendo conmigo ese acto de cordialidad y convivencia intelectual.*

Dedico este librito a mis prologuistas, de quienes estoy muy orgulloso, en prenda de mi agradecimiento y estima, por orden cronológico:

[1]*Obras Completas, T.1, Madrid, 1966. Ver también Marino Gómez-Santos, Vida de Gregorio Marañón, 1977, que recomiendo.*

Joaquín de Entrambasaguas,
catedrático, crítico e historiador literario.

Camilo José Cela, novelista.
De la Real Academia Española. Premio Nobel.

Luis María Anson, escritor, periodista.
De la Real Academia Española.

Alonso Zamora Vicente, escritor, catedrático.
De la Real Academia Española.

Hugh Rawson,
lexicógrafo, editor y columnista.

J. Edward Gates, lexicógrafo.
Fundador de la Dictionary Society of North America.

John Simpson, catedrático Universidad de Oxford.
Former Editor-in- Chief, Oxford English Dictionary.

José Jiménez Lozano, escritor, periodista.
Premio Cervantes 2002.

Enrique Vila-Matas, novelista.
Premio RAE.

James A. Parr,
cervantista, catedrático University of California.

Carlos París, filósofo.
Presidente, Ateneo de Madrid.

Antonio Muñoz Molina, novelista.
De la Real Academia Española.
Premio Príncipe de Asturias.

Fernando Sánchez Dragó, novelista, presentador.

José María Carrascal,
novelista, historiador, periodista, presentador.

Felipe Fernandez-Armesto, historiador.
University of Notre Dame.

Antonio Garrigues Walker,
abogado, jurista, político.

Sobre el autor

Delfín Carbonell. se formó en la *Duquesne University; M.A. University of Pittsburgh*; también es Doctor en Filología Románica y Licenciado en Filosofía y Letras en la Universidad Complutense.

Ha colaborado en: *Espiral, Cuadernos Hispanoamericanos, Duquesne Hispanic Review, Revista de la Universidad de Yucatán, Actas do Primer Coloquio Galego de Fraseoloxia, Revista Galega de Ensino, Huffington Post, VOXII, Fox News,* etc.

Entre sus publicaciones más relevantes destacan: *Escribir y comunicar en inglés*, (Anaya/Oberón, 2017); *Phonética inglesa* (Anaya 2015); *Escribir bien* (Anaya, 2014); *Gramática inglesa* (Anaya, 2013); *La lengua de Cervantes* (Serbal 2011); *El laberinto del idioma ingles* (Serbal 2009); *Diccionario panhispánico de citas* (Serbal, 2008); *Diccionario soez de uso del español cotidiano* (Serbal, 2007); *Diccionario de clichés* (Serbal, 2006); *Diccionario de modismos, inglés y castellano* (Serbal, 2004); *Breve diccionario coloquial inglés y castellano* (Serbal, 2004); *Diccionario panhispánico de refranes, de autoridades...* (Herder, 2002); *Gran diccionario de argot* (Larousse, 2000); *Diccionario inglés y castellano de argot y lenguaje informal* (Serbal, 1997); *Diccionario de refranes* (Serbal, 1996); *Diccionario fraseológico* (Serbal, 1995); *Diccionario malsonante* (Istmo, 1992); *GuíaBurros: Aprender inglés* (Editatum); *GuíaBurros: Hablar y escribir con corrección* (Editatum); *GuíaBurros: Las mejores citas* (Editatum); *GuíaBurros: Los mejores refranes en español e inglés* (Editatum).

Índice

Dd

Ee

Ff

Gg

Hh

Ii

Jj

Prólogo

Evolución y fraseología

En 1859 Charles Darwin escribió que el mundo, la vida, no son estáticos sino cambiantes; que todo está sujeto a las leyes de la evolución, incluso la manera que empleamos para comunicarnos. Las palabras y las frases nacen, desaparecen o mueren y tienen mutaciones en el tiempo, su devenir propio, su historia, su vida íntima, oculta y secreta; secreta por desconocida pero que se puede rastrear y descubrir. ¿Quién fue posiblemente el primero en emplear una frase feliz por escrito? ¿Cuándo entró una locución en los diccionarios? ¿Por qué se convierten las metáforas geniales en manidos clichés, en lugares comunes, en frases zombis? ¿Qué misterios ocultan? ¿Por qué la principal fraseología tópica aparece principalmente en los siglos XIX y XX? ¿Por qué los diccionarios cambian sus propias definiciones? Los misterios de las palabras unidas: las frases zombi, los clichés y el enigma de cómo los vocablos hacen amistad los unos con los otros y van siempre juntos a todas partes, como si estuviesen casados. Sorprendente visión de una importante faceta del idioma. Y como conviven con el hombre, veremos quién los ha utilizado y cuándo, ya que en muchos casos tenemos partida de nacimiento oficial. Que empleemos el cliché o no ya es otra cuestión y asunto de cada cual, aunque posiblemente fuese buena idea consultar esta obra y pensárselo bien antes de escribir *pongo por caso, ni que decir tiene, broche de oro, a bote pronto, ser de juzgado de guardia, nube de fotógrafos, por enésima vez, a ciencia cierta, acto seguido, a renglón seguido, de alguna manera, a estas alturas, salvo honrosas excepciones* y más. Los muertos vivientes no existen, pero la fraseología zombi sí, las frases inertes y muertas que todavía deambulan por la mala literatura, por los diarios, y los medios de comunicación.

Los lugares comunes y el lugar de uno mismo

Quien habla o escribe lo hace ineluctablemente de dos maneras, echando mano de una lengua meramente comunicativa, o instrumental para hacerse entender, que es la lengua "ahí-a-la- mano" que dice Heidegger, o utiliza una lengua que nombra la realidad y, además, posee una resonancia en la inteligencia y el ánima de quien lo habla o lo escribe, y de quien escucha o lee. Y tal sería, por ejemplo, el lenguaje del yo que ama, sufre, siente alegría o hace confidencias, el de la inteligencia que nombra el mundo para desvelar lo real, o el lenguaje poético o literario.

En el caso de aquel lenguaje meramente comunicativo, lo que nos importa es la eficacia de manera que va de suyo entonces que echemos mano de los instrumentos lingüísticos ya estereotipados que están en el lenguaje comunicativo común, con sus formulaciones ya hechas y continuamente repetidas, que son exactamente los lugares comunes o clichés del habla. Pero ese lenguaje instrumental y sus lugares comunes no nos sirven para comunicar nuestro propio lugar singular en el mundo, ni nuestro mundo interior, ni lo que vemos y experimentamos desde él, como decía.

En el plano literario, cabría añadir, además, que el uso del lugar común no sólo se revela, enseguida, como lenguaje impostado y no significativo, sino que, de hecho, torna así todo el texto, a poco que esos lugares comunes se prodiguen. Y esto es lo que ocurriría, igualmente, con el lenguaje propio de la confidencia y de la expresión en el plano más profundo, si en este orden de cosas se empleasen esos lugares comunes; es decir, que esos clichés rebajarían la totalidad del lenguaje a la condición de una comunicación retorica hueca y no significativa o llena de tópicos y palabras convenidas que no significan sino lo que se desee en cada caso.

Ésta es "la lengua de madera", que dicen los franceses y que podemos emplear en la simple comunicación o en la vida comercial o política, pero no podemos utilizar esta lengua para nombrar lo real o cuando queda afectado nuestro yo.

Teresa de Jesús escribe con cierta frecuencia, cuando parece que no acierta a nombrar o describir exactamente lo que quería decir: "A esto llamo yo", y también seguimos diciéndolo nosotros, hoy mismo, o acudimos, en su caso, al lenguaje gestual o al silencio. Como nos ocurre, pongamos por caso en una situación en la quedamos heridos por el dolor de alguien, y enseguida nos percatamos de que los lugares comunes del lenguaje, que se utilizan normalmente para estas situaciones, no nos sirven para declarar nuestro pesar.

Otras veces, ciertas fórmulas lingüisticas que se han tornado lugares comunes serán incluso inevitables para expresar o comunicar la interioridad más profunda y nombrarla; y pensemos, por ejemplo, en fórmulas como "estar en un pozo" o "atravesar una noche", que se utilizan en las más diversas culturas y en todos los idiomas, porque el imaginario de la especie es universal y con sus nombres se expresan unas mismas profundas experiencias anímicas espirituales. Y no son estas fórmulas verbales lugares comunes ni clichés, porque no son fórmulas meramente instrumentales, sino significativas y nos afectan; son símbolos universales.

Se echa mano también de la expresión hecha o cliché lingüístico para que dore nuestro lenguaje porque, a los ojos de quien habla o escribe, posee incluso una vitola de distinción retórica y su uso parece afirmar un cierto *status* culturalmente diferenciado que ha sido objeto de graciosas burlas por parte de Molière y de Quevedo.

Otras veces, y parece que cada vez con mayor amplitud al irse recortando por diversas razones la disponibilidad del lenguaje propio, esos lugares comunes lingüísticos se han instalado en nuestra habla y en nuestra escritura, porque constituyen nuestro lenguaje impostado y aceptado con funciones de relleno de conceptos y de tautologías o redundancias muy o efectistas, que difícilmente se renuncian. Y tanto es así, que lo verdaderamente aterrador de todo este asunto es que los clichés o lugares comunes, que este libro muestra que han llenado y siguen llenando el lenguaje hablado o escrito, nos hacen la tremenda pregunta sobre si una inmensa parte de nuestra expresión no sería una pura impostación de lugares y referencias conceptuales ajenas, y se usa tranquilamente en la vida privada y pública

De este modo, este libro de Delfín Carbonell Basset resultará un necesario y leal avisador de que estamos ante un cliché o lugar común del lenguaje con todo su peligro de no significatividad, de pereza o impotencia del decir, e incluso de mendacidad, como decía; y que entonces debemos detener ahí nuestra lengua, o nuestra pluma, o nuestra escucha y nuestra lectura, para rechazarlo, porque es ruido y apariencia solamente, "flatus vocis", puro nominalismo.

Y el asunto importa, e incluso de manera decisiva, a nuestra convivencia. Mandelstam pedía que la gramática se considerase un asunto moral, pensando en la política y la vida pública precisamente, porque éstas, como nuestro vivir verdadero, se hacen igualmente con palabras verdaderas de cada uno de nosotros o de otro modo, el debate de la cosa pública tampoco será significativo, y se torna perverso, si está hecho de verborrea, o palabreo de palabras huecas, clichés verbales, etiquetados y muertos, o como soñados, y en estado "zombi".

Y, a este respecto, en fin, no puede dejar de evocarse el peor lenguaje, entre las lenguas de madera, que a sí mismo se denomina "políticamente correcto", y es pura y simple imposición de una ortodoxia que pretende conseguir que "moviendo los labios del mismo modo" también el pensamiento se conforme a esa ortodoxia, exactamente como en la Torre de Babel bíblica del rey Nimrod, que es figura de todo totalitarismo, y que allí se frustró solamente porque cada quien y cada cual fue liberado y pudo pensar sus pensares y hablar sus decires, palabra propia de cada persona. Es decir, estas palabras que los hacedores de diccionarios y léxicos aman tanto y fijan para la expresión exacta de nuestro yo y la pureza de la lengua española, que todavía reluce admirablemente en el mundo y, a veces - como entre los sefardíes europeos y norteafricanos, y los inditos iberoamericanos - hasta con la antigua y maravillosa cantilenación castellana.

José Jiménez Lozano

Premio Cervantes

Aa

A priori.

Antes, en principio, anteriormente, antes de considerar.

En la Edad Media los escolásticos empleaban las expresiones latinas *a priori* y *a posteriori* para referirse a dos formas de razonamiento. El significado actual es camaleónico, cambiante y hasta mareante: *en principio, de entrada, antes que*, podrían ser definiciones aceptables. Para el diccionario Clave, por ejemplo, es "antes de examinar el asunto de que se trata." Javier Marías nos da un ejemplo: "La concesión del Nobel al novelista Coetzee, uno habría dicho *a priori* que no podía *levantar menos ampollas*." (El País Semanal, 19/10/2003.) Este latinajo debería encerrarse en un cajón, bajo llave, para que no se escape. Aparece en lengua castellana en 1614 y creo que ya está bien de hacernos los pedantes.

Abismo insondable.

Manuel José Quintana (1772-1857) empleó la frase por primera vez en 1787. El gran ilustrado español Gaspar Melchor de Jovellanos, (1744-1811), literato, economista y político, escribió una de las primeras citas de este cliché: "...arrastradas en la impetuosa corriente del tiempo, se van sucediendo atropelladamente y desaparecen y caen con todos sus monumentos en el abismo insondable de la eternidad!" Insondable, según el diccionario Clave2, es "imposible de averiguar o conocer a fondo". También nos dice que "abismo" es lo que es insondable, incomprensible o inmenso, lo que complica un poco nuestras pesquisas lingüísticas, al dar a entender que ambos vocablos tienen casi el mismo o parecido significado en este caso. Misterios de la lexicografía; o misterios del trabajo en equipo sin cabeza dirigente. De "frases ambiguas" y de "conceptos vacíos" nos habla el gran Julio Casares en una cita, al tiempo que escribe nuestro cliché, sin percatarse, supongo, y nos dice, con énfasis mío: "... si desde aquí nos remontamos hacia las manifestaciones más elevadas del fenómeno mnésico, pronto cierra nuestro camino *un abismo insondable*, que en vano trata de salvar la ciencia positiva tendiendo a modo de pasadera *frases ambiguas o conceptos vacíos*." Cliché éste que deberíamos desterrar de cualquier escrito con pretensiones de seriedad. No consta en los diccionarios generales ni fraseológicos.

A mayor abundamiento.

Además; para que haya más pruebas; adicional, para reforzar.

Amando de Miguel dice que abusan los abogados de este circunloquio. Jueces y abogados son los que más la emplean. La palabra "además" les parece poca cosa. Ya se usaba en 1427, en las sentencias judiciales. Nos explica Pío Baroja: "Yo no escribiré nunca «por ende», «a mayor abundamiento... porque éstas y otras palabras las leo, pero no las oigo. Sobre todo, no las he oído. Esto me basta para no usarlas." Yo tampoco oigo a nadie decirlas en sus conversaciones.

El buscador de Internet Google nos da 398.000 ejemplos de uso.

Cuento (causa, cosa, historia) de nunca acabar.

Asunto o empresa que no parece tener fin o que puede alargarse o repetirse indefinidamente.

¿Cuántas veces decimos esta frase a lo largo del día? El origen es, quizá, de *Las mil y una noches*, donde Scheherazada narra un cuento interminable, aunque es poco probable porque las traducciones de esta obra aparecen tarde en el tiempo (en castellano la de Vicente Blasco Ibáñez del idioma francés, de J. C. Mardrús, es del siglo XX) aunque también existe en lengua inglesa *–a never-ending story-* y en francés *–histoire sans fin-*. "Causa de nunca acabar" aparece ya en el *Amadís de Gaula*, de Rodríguez de Montalvo (1482-92) con el significado que nos interesa y que ha llegado hasta nuestros días. Cervantes ya explica que decir lo que las historias cuentan, sería nunca acabar, por largas: "... si yo me pusiese ahora a decirlos como las historias nos los cuentan, sería nunca acabar..." El *Diccionario de uso del español de América y España,* de Vox, nos dice: "Se aplica a sustantivos como *cuento*, *historia*, etc., para expresar que determinado asunto constantemente parece que se ha acabado o está a punto de acabar, pero no se acaba." Repito que se emplea, y se ha empleado, mucho, como atestiguan escritores como Cervantes, Calderón, Mesonero Romanos, Ricardo Palma, Ganivet, Rómulo Gallegos, Fernando Arrabal entre otros. Todo debe tener mesura y no alargarse más de lo necesario.

Acoso y derribo.

Ataque continuado para destruir.

Desde 1966 es muy popular entre los políticos, que siempre se sienten atacados y tienen manías persecutorias y delirios de grandeza. Es de origen taurino y José María de Cossío en *Los mejores toreros de la historia*, explica: "La tienta por acoso y derribo es un espectáculo inolvidable, no sólo por la grandiosidad del escenario … sino por la maestría de los jinetes y por el 'lujo campero' valga la paradoja, que se advierte por doquier." Carlos Abella, en su *¡Derecho al toro!*: "… persecución que el garrochista hace de una res en pleno campo, práctica todavía ejecutada en las dehesas andaluzas y salmantinas y cuyo fin es el derribo de la res perseguida mediante la introducción de la garrocha en las nalgas. De ahí que se diga acoso y derribo."

Ha trascendido la tauromaquia para convertirse en un bordón, muy usado por políticos y periodistas de España e Iberoamérica. Por ejemplo: "Del asalto a BBVA se ha pasado al acoso y derribo a su presidente..." Expansión, España, 21/1/2005. Google nos da (julio del 2018) 350.000 "acosos y derribos."

Que conste en acta.

Que se tenga en cuenta, que se reconozca, se considere.

Acta es la certificación escrita de un hecho. En las reuniones y en las juntas se redactan, se levantan las actas para que se sepa, que conste, lo que se ha dicho o acordado, y tienen la presunción de legalidad. Ha pasado al lenguaje popular que lo emplea para expresar que el hablante quiere que se tome buena nota y se considere lo que dice. Es reciente y la primera citación que se aporta es del año 1963, de Julio Cortázar, y no está en el *Diccionario fraseológico documentado del español actual*, 2004, a pesar de que Google nos da 368.000 ejemplos de uso actuales. Se usa por indolencia verbal. Mónica Fernández Aceituno en ABC: "Y escribo esto para que conste en acta que la felicidad es un instante..." que podría haber escrito: "Creo que la felicidad es un instante."

Por activa y por pasiva.

De todas las maneras o medios posibles. Repetir, reiterar.

Todos utilizamos frases hechas sin darnos cuenta, y es un misterio cómo y cuándo se percatan los académicos de la RAE de la existencia de una frase. Es cierto que todos andamos algo despistados y atontolinados, pero ellos un poco más. Tenemos constancia escrita desde 1652, y en 1657, por Baltasar Gracián en su *Criticón*. Arturo Pérez Reverte en su entrevista televisiva (TVE2, 1/11/2004): "... un novelista entretiene, por activa y por pasiva." Ya se la había oído a Esperanza Aguirre (presidenta que fue de la Comunidad de Madrid) y a otros políticos de ahora que lo emplean mucho, tanto que Google en Internet se ha contaminado y ya tiene 600.000 copias de esta frase zombi, rodando por el mundo globalizado. ¿Tendrá algo que ver la voz activa y la voz pasiva de los verbos? ¿Será, quizá, hacer algo activamente, a la fuerza, o pasivamente, con buenos modales y tratando de persuadir? Y un tal Rodrígo Cortés, cineasta, creó en 2013 un cortometraje titulado así, "Por activa y por pasiva." Yo nunca la emplearía.

Acto seguido (continuo).

Enseguida, inmediatamente, a continuación.

Aparece en 1754, y el diccionario de la RAE lo admite en 1884 como "acto continuo o seguido. Inmediatamente después." Ciento veintinueve años desde su aparición escrita. Ha tenido mucho éxito para evitar el simple "enseguida" y del cual han abusado muchos escritores. Por ejemplo, José María Gironella lo repite 22 veces en *Los cipreses creen en Dios*, aunque es verdad que es una obra grande, de muchas páginas. Nativel Preciado, en Tiempo, nos recuerda que los viejos clichés nunca mueren, y por eso les llamo zombis: "Acto seguido me contaban desde Buenos Aires..." Para no ser menos, en *La sombra del viento*, 2001, Carlos Ruiz Zafón escribe: "Acto seguido pasaron a enzarzarse en una incomprensible discusión..." Los escritores de éxito también gustan de frases rancias.

Dar el último adiós.

Visitar a (o despedirse de) un cadáver antes del entierro.

Un eufemismo es una expresión suave que pretende sustituir a otra que se considera grosera, fuerte u ofensiva. Y los eufemismos también se convierten en zombis, como el que nos interesa ahora. Decir "voy a visitar el cadaver de mi amigo Jacinto antes de que lo entierren", puede resultar chocante, pero emplear esta variante: "Voy a dar el último adiós a mi amigo Jacinto" parece más fino. Desde 1560 llevamos dando el último adiós a nuestros deudos, amigos y hasta a los próceres del país. Nada que objetar excepto que suena a rancio y cursi, especialmente en estas épocas cuando ya estamos muy acostumbrados a llamar a las cosas por su nombre. Ramón Gómez de la Serna (1888-1963), el de la greguerías, nos da un ejemplo gracioso de uso: "Después me encontré completamente solo en la noche de París, y junto al burladero de un urinario aparecieron unas muchachas rusas y unos cuantos artistas de melena que me esperaban para darme el último adiós y desearme que el entierro en la noche me fuese más leve." José Rizal escribió el famoso poema "Mi último adiós" antes de ser fusilado por los españoles en 1896. Los creyentes en un más allá, en la vida después de la muerte, deberían absternerse de decir esto.

Que (cuando) las aguas vuelvan a su(s) cauce(s).

Que (cuando) todo vuelva a la normalidad o situación anterior.

Nos olvidamos de que las aguas siempre vuelven a su cauce natural. Eso lo comprobamos cuando llueve mucho. El historiador Manuel Ballesteros Gaibrois fue uno de los primero en emplear la frase en su *Historia de América*. Pero esto es una ilusión porque las aguas vuelven a sus cauces, a su lecho natural, pero los avatares de la vida no, aunque así lo deseemos. Esta frase no aparece reseñada en diccionarios, y sin embargo lleva más de cincuenta años en el idioma, y barruntamos que va a tener larga vida. El diccionario de María Moliner nos habla de una expresión parecida: "volver las aguas por donde solían ir" que puede ser precursora de la nuestra.

Ahora bien.

Pero, pues, veamos.

Es un bordón, palabra de relleno que se repite como un tic nervioso. El diccionario Clave emplea el criptograma o acertijo: "Enlace gramatical coordinante con valor adversativo." ¿Qué quiere decir esto? Continúo buscando y el *Diccionario de uso del español de América y España*, de Vox (2002), nos dice: "Introduce una oración que en cierto modo contradice o se opone a lo dicho anteriormente pero cuyo contenido debe tenerse en cuenta para una valoración completa de la situación o hecho de que se habla." Más complicado imposible. Pero es el Diccionario de Autoridades, 1726-39, el que mejor definió el "ahora bien" en castellano antiguo: "Phrase vulgar que suele equivaler a esto supuesto: como si se dixesse ahora bien qué se supone lograr con essa diligéncia? O ahora bien pues esto se ha de hacer, vamos a hacerla." Y añade con guasa: "Que si Dios por su infinita misericordia no nos hubiese dado estas dos voces *ahora bien*, nadie se pudiera ir, ni se despidiera de una conversación. Todos dicen *ahora bien* ya es hora, *ahora bien* ya es tarde, *ahora bien* ya vuessas mercedes querrán cenar." Notemos que se quejan los diccionaristas de la Academia, en 1724, que "todos dicen ahora." Pero continúan diciéndolo,

No caber (ni) un alfiler.

Abarrotado, atiborrado, lleno. Se entiende que se trata de gente, de mucha gente, aunque pueden ser cosas o actividades.

Está claro que el local está tan lleno que no cabe nada, ni un alfiler, que es pequeño. A pesar de que la primera citación que tenemos es de 1792 (y otras de 1835 y 1922), la Real Academia no incorporó esta frase en su diccionario hasta que se había convertido en cliché, en 1956. Cualquiera se puede despistar y no conviene precipitarse, que las prisas no son buenas. Y es curioso que el diccionario de María Moliner de 1965 no mencione la frase. La ha empleado Moratín, Larra, Insúa, Jardiel Poncela y Alonso Zamora Vicente, nada menos. Y es que las frases zombi se niegan a ser enterradas, especialmente por los malos comunicadores.

Alto y claro.

Sin rodeos, con claridad, con firmeza.

No está en Academia ni en otros diccionarios, lo cual es sospechoso, a pesar de que 400.000 resultados obtenemos en la red en el 2020. Siempre he creído que provenía del inglés *loud and clear*, pero considerando una primera citación parece que no es así ya que Juan García López explicó en 1607 "Que el hablarle debiera de ser bien alto y claro, pues siendo sordo lo oía." Y aquí tenemos el origen de la frase: a los sordos hay que hablarles alto y con claridad. A veces se cambia el orden: claro y alto.

Por todo lo alto.

Sin reparar en gastos; con boato y ostentación.

"De manera excelente, con rumbo y esplendidez," define el DRAE, 22 edición de 2001, aunque dice que es coloquial. Decir que es coloquial es como no decir nada. María Moliner lo registra en 1965, a pesar de que José Zorrilla (1817-1893) autor de *Don Juan Tenorio* emplea la expresión en el siglo XIX.

Alumno (estudiante) aventajado.

Buen alumno.

Todos lo hemos oído y María Moliner pone las cosas en su sitio con este cliché, cuando nos dice de aventajado: "Se aplica a la persona que sobresale o es notable en su clase. Se aplica particularmente a alumno o a cualquier otra palabra que designe a la persona que está aprendiendo o ejercitándose en algo en lo que se progresa: Un alumno [Un oficial] aventajado." Sin embargo la Academia sólo dice: "adj. Que aventaja a lo ordinario o común en su línea; notable, digno de llamar la atención." Pero, claro, si el alumno es bueno siempre decimos que es "aventajado", como lo han hecho Ángel Ganivet, Marta Lynch, José Luis Sampedro, Miguel Delibes y Arturo Pérez reverte. No íbamos nosotros a ser menos, ¿no? Y eso es lo que hace el diccionario Clave que después de la definición ("Que aventaja, que sobresale o que destaca en algo.") nos da como ejemplo: "Un alumno aventajado." Además, Google, el buscador de internet, nos ofrece 71.000 resultados de uso, que no es poco. Creo que hace un siglo, más o menos, que tenemos alumnos o estudiantes aventajados en España, antes se les designaba de otra manera, pero ignoro cómo. Y yo pregunto: ¿No podríamos referirnos a los buenos alumnos de otra forma?

Amasijo de hierros.

Restos de un vehículo tras un accidente de tráfico.

Los periodistas, los informadores de tragedias y accidentes de tráfico repiten esto constantemente. El uno de enero de 1988 El País informaba del accidente de un vehículo que transportaba a 75 personas de Barcelona a Sevilla donde habían sacado a un niño: "...aún con vida entre el amasijo de hierros en que quedó convertida buena parte del vehículo." Aquí comenzó todo. En Google encontramos 117.000 reultados de uso de esta frase.

Levantar ampollas.

Crear o causar resquemor o malestar.

Se refiere a las ampollas dolorosas que salen después de una quemadura o rozadura, y a las palabras ofensivas o hirientes, que también duelen. El *Diccionario de uso del español de América y España* es muy prolijo en su definición: "Causar irritación y malestar unas palabras o unos hechos entre los miembros de un grupo o un colectivo, provocando en ellos una reacción." Verborrea lexicográfica. Pero tenemos la frase desde 1905, por lo menos, cuando Doña Emilia Pardo Bazán la empleó en *La Quimera*, "... la sátira social, que levanta ampollas como puños." Fernando Lázaro Carreter le afea a un periodista su uso en un dardo de 1991. Ahora tendría que afeárselo a Javier Marías también, pues ha escrito: "La concesión del Nobel al novelista Coetzee, uno habría dicho a priori que no podía levantar menos ampollas." No creo que levante ampollas a nadie si digo que Julián Marías es un buen escritor.

En el ánimo de todos.

En la mente de todos, presente, que todos saben.

Para el *Diccionario de uso del español de América y España* "ánimo" es "capacidad humana de experimentar emociones y afectos, y de comprender." Ya aparece escrito en 1552: "... para predicar la verdadera religión y para fijarla en el ánimo de todos..." (Francisco Hernández, *Antigüedades de la Nueva España.*) Nótese que la frase completa es "en el ánimo de todos." Y Alejandro Gándara nos da un buen ejemplo de uso contemporáneo: "Una vez que ya está en el ánimo de todos que la cultura de la imprenta se extingue..." Parafraseo: Sabemos que las publicaciones impresas desaparecen. Pero podemos preguntarnos, ¿por qué emplear seis palabras cuando se puede decir lo mismo con dieciocho? Pues simplemente porque el cliché viene en nuestro auxilio y suplanta al verdadero pensamiento. Vivimos de clichés, de frases zombi, de todo tipo, no sólo de los lingüísticos.

Un antes y un después.

Punto en el tiempo que marca un cambio.

Este cliché es de 1940. El *Diccionario de uso* de Vox (2002) reseña "un antes" como "tiempo o situaciones anteriores a un momento dado", pero en el ejemplo no tiene más remedio que emplear la frase hecha que nos ocupa, diciendo: "en la historia de la humanidad hay un paso que marca un antes y un después: el paso de la mentalidad mítica a la mentalidad racional." Ahí queda eso. No nos debemos fiar de los diccionarios: no lo reseña María Moliner, ni el Clave2, ni el *Diccionario fraseológico documentado del español actual.* ¿Andan despistados o faltos de rigor? Jorge Herralde, el editor, nos comenta (La Vanguardia, 15/12/2004): "... la obra del escritor chileno marca un antes y un después de la literatura." Y ahora veo que mi prologuista Luis María Anson dice en La Razón (9/1/2005) y refiriéndose a la edición del *Quijote*: "Hay un *Quijote* antes de Rico y un *Quijote* después de Rico." Claro, claro... Esto se llama técnicamente "hipérbole" que consiste en exagerar aquello de lo que se habla.

De antología.

Extraordinario, importante, excelente.

Decía un tal Sr. Casado del PP, que el discurso del rey Felipe en julio del 2017 "era de antología". Entra "antología" en el diccionario de la Real Academia Española en 1992 como "digno de ser destacado, extraordinario." El diccionario Clave explica: "Extraordinario o digno de ser destacado." El orden de los factores, de las palabras, no altera el producto, el significado. Una antología, un florilegio también, es una colección de trozos literarios de varios autores que se consideran excelentes, para el deleite de lectores; por lo tanto "de antología" es lo que se considera tan bueno que es digno de estar en un florilegio. Podemos tener páginas, prólogos, poetas, coladuras, mordiscos, fotos, goles, caracterizaciones... de antología. Se acuñó esta frase en el siglo XX (repito que entra en el DRAE en 1992) y se encuentra en los escritos de Miguel Ángel Asturias, Max Aub, Rosa Chacel, Mario Benedetti... y muchos más. Se emplea también en la conversación corriente.

Años largos.

Años que parecen siglos.

Como el cerebro humano no puede comprender la idea del tiempo, a veces 365 días (5 horas, 48 minutos y 46 segundos hacen un año) se hacen largos hasta parecer 450 o más, de ahí el cliché. El que repite la frase quiere sugerir la idea de hastío y aburrimiento... del tiempo que se le antoja transcurre con lentitud. No lo he encontrado en ningún diccionario, pero sí en *Historia de las Indias*, de 1527, del P. Las Casas. Pero he observado que también se puede ampliar el cliché. Por ejemplo:

"El **millón largo** de escolares catalanes que volvió ayer a las clases lo que hizo sin problemas..." (La Vanguardia, 16/9/2003.)

Juan Pedro Quiñonero añade más aún: "... y una **docena larga** de libros que replican apoyan o amplifican..." (ByN Cultural, 14/2/2004.)

A la docena larga (¿14?, ¿19?) se apunta Manuel Rodríguez Rivero (ByN Cultural, 25/9/2004): "La Feria de Buenos Aires dispone de un plantel fijo de una **docena larga** de personas."

Me hace pensar que quizá también tengamos docenas cortas de ¿5?, de ¿7?

Cosas del lenguaje, digo yo.

Ni un ápice.

En absoluto, ni un poco, nada de.

Este cliché tiene historia. En 1726 el primer diccionario de la Real Academia Española, llamado Diccionario de Autoridades, definió ápice como "Lo alto, lo sumo, lo perfecto y más sutil y acabado de una cosa." Y nada más. Pero en su edición de 1770 añade: "La mínima parte de alguna cosa." Así se empleaba ya en 1607 como nos ejemplifica Juan de los Ángeles: "Pero no se puede decir que el intérprete de la Vulgata se haya engañado ni en solo un ápice…" Lo más mínimo, nada, un poco, una miaja, como diría un castizo, y como nos cuentan Gracián, Valera, Galdós, Azaña, el cardenal Enrique y Tarancón, Armas Marcelo… y tantos otros que caen en las redes de las frases hechas. En su avance a la 22 edición del diccionario, la Real Academia Española, define ápice como "parte pequeñísima, punto muy reducido, nonada." E Ignacio Bosque lo emplea en su "Combinatoria y significación. Algunas reflexiones" que sirve de introducción al diccionario REDES: "…pero también Juan Benet usa esa combinación […] sin perder un ápice de creatividad." Que es cliché de uso corriente nos consta porque el buscador Google de internet nos da nada menos que 400.000 ejemplos de uso, y que lo empleemos o no ya es cuestión de cada cual, pero que sepamos lo que hacemos.

Grano (granito) de arena.

Aportación, ayuda.

Este cliché muestra una falsa modestia, llamando "grano" o "granito de arena" a lo que cada cual cree que es una gran, importante y valiosa aportación. El pudor, o la sandez o la ñoñería, obligaron a cambiar el grano por granito. La primera citación que tengo es de 1901.

El buscador Google, incansable y rápido, me da 550.000 resultados donde aparece "grano de arena" y nada menos que 400.000 para "granito", lo cual creo que refuerza lo que digo sobre la modestia, o falsa modestia. Ramón Rodríguez dice en ByN Cultural que "Richard Wolin, a principios de los noventa, había puesto su grano de arena en los debates..." (24/1/2004).

No ser (no tener) arte ni parte.

No participar, no intervenir.

"No tener arte ni parte en alguna cosa. Phrase que da a entender que no se entromete ni interesa en ello uno, sino que la mira de lejos y con total abstracción." Esto está en el *Diccionario de autoridades* (1726-39), pero antes, 1627, Gonzalo Correas explicó: "Para dezir kon más fuerza ke no parezió algo, i ke no supo nada dello. No fue arte ni parte en ello." Es hasta el título de un librito de Joaquín Salvador Lavado, *Quino,* el autor de Mafalda: *Ni arte ni parte.*

Asignatura pendiente.

Tema, asunto aplazado y por resolver.

Todos tenemos cosas pendientes, especialmente los procrastinadores. Es expresión escolar: la asignatura que no se ha aprobado en su momento y que queda aplazada y debe repetirse. Entra en la Academia en 1989: "dícese [...] de lo que no se ha realizado y debe realizarse." Pero en la edición de 2001 cambia la definición: "Asunto o problema que aún no se ha solucionado."

Ejemplos de uso: de El País, de 24/5/2003, "La protección a las víctimas de la violencia doméstica es una asignatura pendiente." Pablo d'Ors nos dice en ByN Cultural: "En este sentido, esta edición era una asignatura pendiente..." Creo que todo está pendiente, por lo menos en España donde la procrastinación es ley de vida. Y el que esté libre de culpa que tire la primera piedra. Camilo José Cela en su "Palabras y frases" (ABC, 26/12/93): "Decir asignatura pendiente no es grave, pero sí relamido y convencional."

Llamar la atención.

Interesar, suscitar o provocar curiosidad, sorprender.

Es de uso tan amplio que esta frase hecha pasa casi desapercibida. José María Aznar, dijo en TV1: "Me llama profundamente la atención." Enrique Vila-Matas añade "poderosamente" ("… me ha llamado poderosamente la atención el relato…") para reforzar el cliché. Tanto le gusta a Juan José López Ibor que lo emplea 27 veces en su libro *La neurosis como enfermedad del ánimo*, de 1966. El P. José Francisco de Isla (1706-1781) escritor y jesuita español fue uno de los primeros en emplear la expresión en 1758: "… desde la primera vista llama la atención del lector y le hace conocer que allí se contienen cosas grandes."

Brillar por su ausencia.

Notarse mucho que falta alguien o algo.

José María Iribarren en su *El porqué de los dichos*, da varias explicaciones del origen del cliché que no son satisfactorias. Citando a Vicente Vega dice, "Varios escritores españoles han afirmado que el origen de esta frase, ya proverbial, arranca de la inauguración del Teatro Real de Madrid, debido a que el único palco que apareció vacío en aquella noche del 19 de noviembre de 1850 correspondía a cierta duquesa, cuya ausencia en tan brillante velada fue más notada que lo hubiese sido su presencia." Puede ser, pero no es, porque he descubierto que Juan Ginés de Sepulveda (1490-1573) y en su epistolario de 1532 nos dice: "Reina allí la verdad y brillan por su ausencia el fariseísmo y la calumnia." Esto es muy anterior a lo que aconteció en el Teatro Real en 1850. Y el poeta francés André Marie Chénier, 1762-1794, dice en un verso, *Brutus et Casius brillaient par leur absence* que acuñó la frase que ha servido de modelo de nuestro galicismo."

Bb

Caérsele a uno la baba.

Embelesarse, embobarse, admirarse.

Puede ser que abramos la boca de admiración ante alguien que nos emboba, y la saliva, o la baba, resbala por la comisura de los labios. Es una frase muy descriptiva, muy aplicada a los jóvenes que admiran a sus bebés y a los viejos que chochean con los nietos. El cliché se emplea mucho y por eso es un cliché, claro. Sebastián de Covarrubias dice que la palabra viene de bobo porque a los bobos se les cae la baba, lo cual indica que antes de 1611 ya se le caía la baba a la gente. Y el *Diccionario de autoridades* (1726-39) explica muy bien "... que se toma para expresar, o que uno es bobo o simple, porque de cualquier cosa se admira y queda pasmado con la boca abierta despidiendo la saliva, y sin responder ni hablar cosa alguna al intento; o que está fuera de sí, y como enajenado, por causa de algún objeto que le ocasiona tanto contento y gozo, que le tiene suspenso, y sin querer se le cae la saliva: como sucede muchas veces a los Padres llevados del cariño de los hijos..." Luis Besses, reseña el cliché como *argot* en su *Diccionario de argot español*, lo que demuestra el despiste de algunos. El *Diccionario de uso*, de Vox (2002) nos dice que es coloquial "Experimentar una persona gran admiración y placer al observar u oír algo o a alguien o al hablar de alguien o de algo." Total, 23 palabras de nada para dar la definición.

Baño de sangre

Masacre, gran matanza.

La palabra inglesa *bloodbath* está en uso desde 1860 y debemos suponer que "baño de sangre" es su traducción al castellano, y de reciente incorporación, desde mediados del siglo pasado, posiblemente a través del francés *bain de sang*. Es curioso que las primeras citas de uso provienen de escritores hispanoamericanos: Cortázar, Carpentier y Uslar Pietri. La Real Academia incluye la expresión en su edición de 1983 como "Matanza de un elevado número de personas." El buscador de internet Google nos da 380.000 ejemplos de uso en castellano; 43.000 ejemplos en francés, *bain de sang*, y nada menos que 6.500.000 del *bloodbath* inglés. Podemos sacar las conclusiones que queramos. Se ha empleado como título de novelas y películas. Es una expresión muy poco feliz. Parece ser que en la antigüedad se empleaban los baños de sangre de niños como remedio terapéutico, tal y como nos lo cuenta Francisco Navarro Villoslada en su *Doña Blanca de Navarra, crónica del siglo XV*,

1846: "A Constantino, por ejemplo, sólo le propusieron el baño de sangre de niños, cuando se hallaba ya desahuciado." La historia de la humanidad es una historia de baños de sangre, por desgracia.

Se baraja la posibilidad (mejora, nombre, teoría, hipótesis, opción).

Considerar, estudiar, reflexionar las varias posibilidades o alternativas.

El *Diccionario panhispánico de dudas*, 2004, de la RAE dice: "No debe usarse este verbo como sinónimo de 'considerar', referido a una sola cosa: *Los sindicatos convocan nuevos paros y el presidente baraja recurrir a un referéndum.* (La Vanguardia [Esp.] 2.12.95)." Pero esto es como predicar en el desierto, pedir cotufas en el golfo o pedir puntualidad a los españoles.

En base a.

Considerando.

Mis investigaciones fraseológicas me llevan a hallazgos sorprendentes. Por ejemplo con: "en base a." Para Fernando Lázaro Carreter, *El dardo en la palabra,* 1997, "en base a" es una *memez*: "Lo cual parece saludable cuando la invención es buena, pero ¿qué ocurre cuando se trata de una simple memez (*a nivel de, en base a*, *de alguna manera...*)?" Esta memez la repite Gregorio Peces-Barba (*Introducción a la filosofía del derecho*, 1983) 13 veces; Julián Carrasco Belinchón la emplea 33 veces en su *Manual de organización y métodos*, 1966. Pero el ganador de este pequeño concurso es Andrés Ollero, que repite la memez 53 veces en su *Derecho y sociedad*, de 1973.

Sentar las bases de.

Establecer, afianzar, reforzar.

Base es apoyo o fundamento. Dijo muy bien Camilo José Cela "Sería buena cosa que los españoles se pusieran de acuerdo para hablar con palabras y no con frases, cutre y mala costumbre a que le han empujado la frecuentemente escasa formación y raro gusto de quienes hablan en voz alta: políticos, periodistas, locutores de radio y televisión, etcétera. La frase suele caer en el tópico, que a veces hasta se fomenta, con lo cual se suma un curioso valor añadido a la necedad." Se olvidó nuestro premio Nobel de que en estas trampas también caen importantes pensadores como Argüelles, Caro Baroja y Vargas Llosa. Soy enemigo de escribir por escribir, con fraseología huera, con clichés tontos.

Llevar la batuta.

Estar al mando. Dirigir.

En *Tipos y paisajes* de 1871 José María de Pereda, escritor español, escribió: "Se hace asimismo tal o cual excursión por el campo de la política, y entonces lleva la batuta Tanasio." Esto alertó a los académicos que en 1884 permitieron la entrada en el Diccionario de la palabra batuta y la expresión "llevar la batuta" que definieron como "Dirigir una corporación o conjunto de personas, determinando lo que se ha de hacer o la conducta que se debe seguir." Para el diccionario Clave este cliché es coloquial y supongo que lo es desde que apareció. Me sorprende la alegría con que los diccionaristas colocan etiquetas a las palabras y frases. La batuta es, claro, el palito o varilla con la cual el director dirige la orquesta, del italiano *batutta*, aunque esto no es así, el trabajo lo ha hecho antes, ensayando y preparando a los profesores. Y de ahí que el que lleva la batuta es el que mangonea y hace y deshace. Hay definiciones con tanta verborrea y son tan chuscas que merecen reproducirse: "Expresión coloquial con la que se significa que una persona dirige un asunto o una serie de cuestiones que pueden o no estar relacionadas con un grupo de individuos." (*Gran diccionario de frases hechas*, Larousse, 2001.) El caso es que seguimos empleando más palabras de las necesarias y quizá no esté de más repetir las palabras de Camilo José Cela: "Sería buena cosa que los españoles se pusieran de acuerdo para hablar con palabras y no con frases, cutre y mala costumbre a que le han empujado la frecuentemente escasa formación y raro gusto de quienes hablan en voz alta: políticos, periodistas, locutores de radio y televisión, etcétera. La frase suele caer en el tópico, que a veces hasta se fomenta, con lo cual se suma un curioso valor añadido a la necedad." Y está bien que repitamos que Fernando Lázaro Carreter en su dardo "Dígalo con rodeos", de 1980, dice "Los rodeos perifrásticos del tipo reseñado, mejor dicho, su abuso, no corresponden al genio de nuestra lengua; quienes los emplean deberían esforzarse, si no en evitarlos por completo, en emplearlos con tiento: que no jubilen los verbos simples.

Baúl de los recuerdos.

Especie de limbo donde almacenamos los recuerdos ya inservibles.

Las abuelas siempre tenían un baúl donde guardaban la ropa antigua, las fotos rancias y anticuadas, las cartas de amor: su vida, sus memorias. De esto nos habla Eloy Herrera (*Un cero a la izquierda*, 1976): "Una moda que os muestra cualquier modistilla de tres al cuarto, que se limita a sacar del baúl de los recuerdos un traje de la bisabuela para haceros creer que es el último grito..." Ese baúl es el origen de este cliché. Ya se usan poco los baúles pero el cliché sigue entre nosotros, deambulando cual zombi, a pesar de lo cursi que es, y ningún diccionario se ha percatado de su existencia. Desde los años setenta tenemos este baúl, que ya nadie usa ni para viajar ni para guardar nada, pero sí para emplear la frase de marras.

Mentir como bellacos.

Mentir ruin y descaradamente.

Leyendo El Mundo, diario de Madrid me encuentro con que Javier Lorenzo escribe "Mienten como bellacos, es evidente." Decido investigar y descubro que el Diccionario de Autoridades, 1726, nos dice de bellaco: "El hombre de ruines y malos procedéres, y de viles respetos, y condición perversa y dañada." Esta gentuza, esta ralea miente siempre y de ahí el símil que sigue muy vigente, lo mismo que bellaco, que se emplea mucho en estos tiempos. Mateo Alemán, comentaba "Les decía que como bellacos mentían." Mentir es reprochable, desde luego, pero mentir como bellacos no tiene justificación alguna, en todos los sentidos de la palabra. ¿Pillan el retruécano?

Pingües beneficios.

Abundantes, buenos beneficios.

Pingüe es para el diccionario Clave "abundante, copioso o fértil." Asociamos pingüe con beneficios o ganancias y es lo que llaman ahora una "colocación", que surgió en el siglo XIX y que todavía se emplea, aunque no se suele decir "pingües lluvias", o "pingües accidentes." Las palabras "pingüe" y "beneficio" van siempre juntas. Mis pesquisas me han dado una primera citación de 1870 y Google me sorprende con 85.000 "pingües beneficios" panhispánicos.

La última citación me la regala Manuel Rodríguez Rivero, que es un pequeño adicto a los clichés, desde su atalaya periodística, y hablando de Françoise Sagan (1935-2004): "y sus libros [...] siguieron proporcionándole pingües beneficios que la escritora dilapidaba..." Ahora resulta que sigue el Sr. Rodríguez repitiendo esto en el 2005: "... va camino de convertirse en fuente de riqueza dispensadora de pingües beneficios." Escribimos todos a la buena de Dios, repitiendo frases manidas, esclerotizadas, zombis, sin darnos cuenta, supongo. Sería saludable que parásemos a pensar cómo nos expresamos, y no nos repitiéramos tanto, y que pongamos límites a los "pingües beneficios" que los directores de bancos, y los presidentes de grandes empresas se llevan a sus mansiones.

La Biblia en verso.

Inaudito, el colmo.
Complicado, difícil, farragoso.
Mucho, cuantioso.

José María Iribarren en su *El porqué de los dichos*, nos habla de José de Carulla, nacido en 1839 y muerto en 1912, que publicó una traducción en verso de la Biblia y de la *Divina Comedia*. Un pequeño ejemplo es "Judith salió de Betulia / como quien va de tertulia." Y "El hijo de Dios nació en un pesebre / donde menos se espera, salta la liebre." La rima era su fuerte. El *Gran diccionario de frases hechas* de Larousse, 2001, repite lo que dice Iribarren pero sin citarlo, claro. También *La Biblia en verso* fue una obra inédita atribuida a Ignacio de Luzán, (1702-1754) escritor y polígloto español, autor de una *Poética*, traducción de los Epígramas latinos de Christoph Weigel. El diccionario de la Academia ignora este cliché y no lo registra, pero sí que ha tenido cabida en el *Diccionario de uso del español de América y España*, que dice: "Coloquial. Indica que un discurso, narración, texto, etc. es muy largo, farragoso y difícil de comprender." El buscador de Google nos da 33.000 ejemplos, lo cual no es mucho para un cliché tan conocido popularmente.

Calurosa bienvenida.

Afectuoso recibimiento.

Según el Diccionario *Redes*, "una bienvenida" puede ir acompañada de: "acogedor, apoteósico, cálido, cariñoso, cordial, efusivo, entusiasta, frío, multitudinario, tibio..." Sin embargo el adjetivo preferido por el periodismo desde los años setenta del siglo pasado es "caluroso", que además de afectuoso significa también "con entusiasmo." Estas bienvenidas se dan principalmente en la prensa, posiblemente del inglés *warm welcome* (también *cordial reception*).

Andar (estar) en boca de todos.

Ser conocido, objeto de cotilleo o comentarios, rumorearse.

Pedro de Rivadeneira, en 1583, ya nos decía "... de lo que públicamente andava en boca de todos..." hablando de San Ignacio de Loyola. Google nos da 350.000 ejemplos de uso de esta frase.

En septiembre del 2004 en el periódico La Razón, de la Argentina, se decía: "Asegura que nunca pudo consolidarse como titular indiscutible y, en consecuencia, su salida del club estuvo en boca de todos en numerosas ocasiones." Y a pesar de todo este historial no consta en el *Gran diccionario de frases hechas* de Larousse, ni tampoco se enteró doña María Moliner. Los diccionarios andan despistados a veces.

Suculento bocado.

Beneficios importantes.

El adjetivo suculento es sabroso o jugoso y se aplica a la comida, a los bocados, a los trozos de alimentos que nos metemos en la boca. Pero estas dos voces se han unido para referirse a beneficios importantes, suculentos, sabrosos, que dejan buen sabor de boca y en los bolsillos (?) hace sólo unos treinta años, desde los setenta del pasado siglo veinte. La primera cita de 1979 explica el significado: "Para el Madrid el partido que llega a bote pronto es un suculento bocado, económicamente hablando." (El País, España, 13/4/**1979**.) Una metáfora gastronómica más o menos feliz pero que ha arraigado en el habla periodística y negocieril de nuestro tiempo. Claro que también significa, hablando de comida, un plato exquisito y delicioso: "El jamón es un bocado suculento."

A bombo y platillo.

Con mucha publicidad, alabanza y ostentación exagerada.

En la batalla lingüística muchas frases mueren en combate y pierden el favor del hablante, que las relega al cementerio de las palabras y locuciones olvidadas. Así tenemos que el diccionario académico en su edición de 1884 da cabida a "de bombo y platillo", como locución figurada y familiar pero que define con otra frase: "De cascabel gordo", con la definición de "dicen de las obras literarias o artísticas vanas y aparentes, y sólo capaces de producir efecto grosero o de mala ley." Pero eso de "cascabel gordo" no tuvo éxito y dejó de emplearse en el siglo XIX. Ya no aparece por ninguna parte. El bombo ha dado más que hablar como "dar bombo" que en 1925 se define por primera vez como "elogiar con exageración, especialmente en la prensa periódica." Alude a las marchas militares acompañadas de música, un gran bombo y platillos y demás parafernalia.

Borrón y cuenta nueva.

Comenzar de nuevo, como si nada hubiese ocurrido anteriormente.

Miguel de Unamuno hace un juego de palabras muy cuco: "Podría acaso conseguirse con borrón y cuenta nueva, si ese borrón no emborronara..." Tiene el origen en la teneduría de libros, como ilustra Ramiro de Maeztu en 1926, "... porque ello implica borrón y cuenta nueva y la apertura de otra cuenta corriente en el gran libro de la vida." Antiguamente, y en los libros de contabilidad, no se podía corregir lo escrito a tinta y era necesario tachar y comenzar de nuevo. Ni siquiera empleamos libros en contabilidad, pero la frase sí.

Haber de todo como en botica.

Haber mucho y variado.

Ahora a las antiguas boticas las llamamos farmacias. "De todo, como en botica, llevan estos versos toscos..." decía Quevedo en sus poesías; frase que ya aparece en el *Diccionario de Autoridades* de 1726 que nos dice: "De todo hai como en botica, o todo se halla como en botica. Phrases que explican la abundancia de cosas que hai en alguna parte." Da a Góngora como autoridad. Lat. *Cuncta abunda suppetunt, velus in Pharmacopolarum apothecis.* Luego misteriosamente desaparece del diccionario académico durante trescientos diez años, hasta 1936 cuando vuelve de nuevo a reseñarse, como quien no quiere la cosa y así por las buenas. ¿Por qué se suprimió durante esos años? *El Gran diccionario de frases hechas* de Larrousse nos dice en un alarde de erudición lingüística: "Frase antigua (sic), cuyo origen tiene relación, sin duda, con la diversidad comercial de las boticas de antaño, un poco a la manera de los *druggists* estadounidenses." Por *druggist* debemos entender *drugstore*, supongo, y lo cual me recuerda la frase que se atribuye a Alexander Pope: "A little learning is a dangerous thing." Aparte de Quevedo, han utilizado el cliché Ganivet y Cela, entre los más conocidos, pero a pesar de esa evidencia, la coletilla "como en botica" no aporta nada y representa un ejemplo del hablar por hablar, decir por decir, repetir inanidades sin ton ni son.

Broche de oro.

Dar fin, rematar espectacularmente y con éxito.

El broche es una joya que sujetaba prendas de vestir de mujer y les daba realce, adornándolas. La Academia escribe "remate de un acto público, de una reunión, de una gestión, etc., especialmente si le proporciona un tono brillante o excepcional. *Broche de oro, final.*" Y el *Diccionario de Autoridades* (1726) cita a Lope de Vega: "Formaban una capa cristalina / que un broche de oro y de diamantes cierra." Creo que Joaquín Costa acuñó la frase en 1878 que sigue empleándose.

Busca (caza) y captura.

Buscar (con ahínco.)

No consta en el diccionario de la RAE. Un juez cursa una orden de busca y captura contra alguien para que la policía lo busque, lo encuentre y lo detenga: una orden de detención simplemente. Arturo Reyes, en 1888, nos da nuestro primer ejemplo de uso retórico: "... correrías por calles y plazas, dedicados a la busca y captura de las puntas de cigarros." Y Díaz-Cañabate escribe: "Estaba dedicada nuestra imaginación a la busca y captura de una enfermedad, una buena enfermedad que nos declarara inútiles para el servicio de las armas." Maneras de hablar complicadas que deberían simplificarse. Fernando Lázaro Carreter en su dardo "Dígalo con rodeos", de 1980, dice "Los rodeos perifrásticos, su abuso, no corresponden al genio de nuestra lengua; quienes los emplean deberían esforzarse, si no en evitarlos por completo, en emplearlos con tiento: que no jubilen los verbos simples." Decía Gracían que a menos palabras, menos pleitos.

Cc

Caiga quien caiga.

Pase lo que pase, le pese a quien le pese, ocurra lo que ocurra.

Luis Ignacio Parada decía en el diario ABC del 9/9/2001: "Antes de que José María Aznar dijera "Caiga quien caiga" ya era el título de un programa de la televisión argentina, luego trasladado a España. La idea procede de un discurso de Eva Perón. *No puedo callar porque sería mentirle a mi pueblo y a todos los pueblos de la tierra que han sufrido y sufren la despiadada prepotencia de los imperialismos. Es hora de decir la verdad, cueste lo que cueste y caiga quien caiga.*" (*Con mis propias palabras.*) José María Iribarren cita la frase *¡A carnicera por barba, y caiga el que caiga!*, tomada del libro de Romualdo Nogués, *Cuentos, dichos, anécdotas y modismos aragoneses,* de 1881

Pasar las de Caín.

Sufrir mucho, sufrir calamidades.

En las ediciones del diccionario académico de 1970, 1983, 1984 y 1989 se registra como "intenciones aviesas." En la edición de 1992, acepta por fin la locución y la define como "sufrir grandes apuros y contratiempos." Está bien que los diccionarios sean cautos al admitir palabras o locuciones, pero no tanto. No se debe esperar más de un siglo para aceptar lo que se emplea en la calle y en escritos. Hijo primogénito de Adán y Eva, Caín mató a su hermano Abel y Dios le condenó a andar errante y sufrir penalidades sin fin. Génesis 4: "Ahora, pues, maldito serás de la tierra que abrió su boca para recibir de mano tuya la sangre de tu hermano. Cuando la labres no te dará sus frutos y andarás por ella fugitivo y errante." Y así fue y así será para algunos de nosotros. Paciencia.

Cerrar a cal y canto.

Cerrar herméticamente.

Construcciones de cal y canto eran muy sólidas y fuertes. Cerrar una puerta a cal y canto equivalía a cerrarla herméticamente y de tal manera que fuese difícil entrar o salir. La Real Academia Española da entrada al cliché en su diccionario de 1983 con esta definición: "loc. Adv. Con la cual se expresa que la acción de cerrar, encerrar o encerrarse en un local se realiza con intención de que nadie pueda entrar o salir de él."

Estamos cerrando las puertas a cal y canto desde hace más de cuatro siglos y medio, desde que José de Acosta escribiese en 1570, en su *Predicación del evangelio de las indias*: "... le cierra la puerta a cal y canto."... y seguimos, claro, a pesar de las puertas blindadas que nos venden ahora que de poco sirven.

De mayor (gran, enorme) calado.

Más importante, más profundo.

Expresión marinera: profundidad de la quilla debajo del agua, que tiene "puerto de mayor calado", "buques de mayor calado", que ha saltado al lenguaje tópico y se ha difundido. En 1983 aparece una de las primeras citaciones en ABC.

Caldo de cultivo.

Situación propicia.

En biología un caldo de cultivo es un líquido preparado y destinado a servir de medio para el cultivo de bacterias. Con la idea de "situación propicia", caldo de cultivo entró en el idioma a finales del siglo XIX y principios del XX. El buscador de Internet, Google nos da 500.000

resultados panhispánicos, lo que demuestra lo bien que ha arraigado el cliché. Lo emplean en sus escritos Miguel Ángel Asturias, Eduardo Mendoza, Sánchez Dragó, Vila-Matas y Javier Tusell, y el crítico Rafael Conte nos dice en Babelia (4/6/2005): "... Tomelloso caldo de cultivo de gente importante."

La calle de la amargura.

Disgustos, preocupaciones, sinsabores.

Los padres siempre dicen, desde el año 1610, que sus hijos díscolos los llevan por la calle de la amargura. La frase entra en la RAE tarde, en la edición de 1983 como "Situación angustiosa que se prolonga." La locución se refiere a Cristo cuando llevaba la cruz a cuestas por la calle de la amargura, el vía crucis, el calvario. Por lo menos cuatro siglos lleva la expresión en la lengua española, lo cual no está mal. Para el *Diccionario de uso* de Vox, es "Hacer sufrir mucho a alguien."

Otro cantar.

Diferente, distinto.

Ya Sebastián de Horozco, en 1550 nos decía que "ése es otro cantar." Y estamos cantando otros cantares desde esa fecha, o antes, posiblemente desde el *Canticum canticorum* del rey David, el de la Biblia. El Diccionario de Autoridades escribe (1729) de "Este es otro cantar. Phrase que significa suceder o ser una cosa diversa en todo, y sin connexión alguna con lo que se está tratando." Y en la edición del DRAE del 2001 se simplifica a "Ser algo otro cantar. Fr. Col. Ser distinto." Es coloquial también para el *Diccionario fraseológico documentado del español actual*. Es curioso que una frase pueda ser coloquial durante quinientos años, lo cual refuerza lo que ya he dicho acerca del error de colocar a voleo etiquetas a las palabras o frases. Han empleado otros cantares Calderón de la Barca, el P. Isla, Rómulo Gallegos. García Pavón, Nieva, Salvador Pániker...

Capitalismo salvaje.

Empresas con desmedido ánimo de lucro.

La palabra capitalismo, de capital, es relativamente moderna, de 1850. El capitalismo se ha vuelto no sólo salvaje sino despiadado, inhumano, brutal, explotador y mafioso simplemente porque ha abandonado la ética por completo en pos de la ganancia a corto plazo. A los directivos de las grandes empresas sólo les mueve la hoja de resultados, sea como sea. Y es Luis María Anson (La Razón, 3/4/2005) quien mejor expresa esta idea: "... la fórmula que han encontrado muchas empresas multinacionales para, aprovechándose de la desrregularización fiscal, laboral y medioambiental en la mayoría de los países del Tercer Mundo, establecer sus negocios en ellos, eludir y evadir impuestos, contaminar el medio ambiente y utilizar mano de obra barata, explotando al trabajador hasta la náusea, en el ejercicio de un capitalismo salvaje, del todo rechazable." Y por eso a partir de un tiempo, la década de los ochenta, se le arrimó al capitalismo la palabra "salvaje", formando una nueva colocación. Este sambenito que le han colgado, no exento de razón, al capitalismo, está muy en boga ahora. Por cierto que la palabra "capitalismo" no aparece en el novísimo diccionario *Redes* dirigido por Ignacio Bosque. Posiblemente del inglés "wild capitalism" que también es una colocación reciente.

Caersele a uno la cara de vergüenza.

Avergonzarse.

Para el DRAE es sonrojarse, pero las citaciones no apoyan esta definición. Repito lo dicho por Camilo José Cela en su *Diccionario del erotismo, I,* "… las palabras no pueden ser sustituidas por frases sin grave detrimento de la lengua." A la gente se le cae la cara de vergüenza desde que Juan de Arquijo tuvo el valor de admitirlo en 1594: "... cierto que se me cayó la cara de vergüenza."

De cara a.

Para, en relación con, con respecto a.

Entra en el diccionario de la Academia en la edición del año 1989. He logrado documentarla en 1931, pero barrunto que se empleaba antes. Ricardo Senabre nos explicaba en una de sus reseñas (El Cultural, 5/5/2004): "... de cara a templar gaitas, donde tan fácil era escribir 'para'..."

En propias carnes.

Propia experiencia.

La locución también admite "experimentar", "padecer", "sentir", "comprobar", "descubrir", "vivir" y posiblemente muchos más verbos. Ni María Moliner ni la Academia (2001), ni el *Gran diccionario de frases hechas*, de Larousse, saben de este cliché, aunque es de mediados de este pasado siglo XX. Luis Mateo Díez, académico, nos da un buen ejemplo de uso en *La fuente de la edad*: "Puede que el ejemplo familiar que nos aguarda, sea mucho más edificante que otros que hemos conocido, y acaso hasta padecido en nuestras propias carnes." 300.000 ejemplos nos ofrece el Sr. Google, de internet.

Carne de cañón.

Gente considerada prescindible, explotable y de escasa importancia.

Antiguamente, la infantería, que ocupaba puestos de peligro y era la que más bajas sufría en el campo de batalla. *Chair à canon* en lengua francesa y *cannon fodder* en lengua inglesa, que al parecer y según el *Gran diccionario de frases hechas* fue frase acuñada por Napoleón Bonaparte, etimología de la que duda José María Iribarren en su *El porqué de los dichos*. Una citación escrita nos la da en 1893 Clarín: "... carne de su alma, carne de cañón para las locuras del mundo, para las ambiciones ajenas."

De carne y hueso.

Real. Sensible.

Don Quijote ya nos hablaba también de personas de carne y hueso, reales y no de fantasía: "... don Quijote, ha referido, hayan sido real y verdaderamente personas de carne y hueso en el mundo..." Al ser de carne y hueso se es real y sensible. 400.000 resultados en Google. Ya ilustró Hernán Cortés, por ejemplo, en su *Carta de relación*. El Diccionario de Autoridades, 1726-39, de la Real Academia Española definió la frase como "Phrase con que se dá à entender que uno es sensible y no de piedra, y que siente como frágil las incomodidades, assí del ánimo, como del cuerpo." Un poco después, en 2001, el diccionario académico cambió la definición, pero etiquetó su uso como "coloquial": "fr. coloq. Ser sensible como los demás a las experiencias y vicisitudes de la vida humana." De *flesh and blood* nos habla la lengua inglesa para demostrarnos que en todas partes cuecen habas, aunque con variantes.

Dar carpetazo.

Interrumpir súbitamente un asunto, terminar, dar de lado.

"Dar carpetazo. En las secretarías suspender la resolución de alguna solicitud, no dándole curso," nos dice el Diccionario de la Academia en su edición de 1822. Mi definición se basa en la realidad lingüística, de uso.

Honrado (de bien, bueno, virtuoso, demócrata) a carta cabal (a penosa enfermedad).

Absolutamente, completamente, muy.

Tenemos constancia escrita en 1532, por Juan Ginés de Sepúlveda: "... como sabes Bartolomé es bueno y virtuoso a carta cabal." La Real Academia Española le da carta de naturaleza, papeles, en el año 1884. Miguel de Unamuno nos convida a la variante "a penosa enfermedad" que aunque no consta en diccionarios modernos, sigue vigente, por lo menos en América, por ejemplo: "Arsenio Orellana Chacón, zacapaneco de pura cepa, honrado a penosa enfermedad..." (La Hora, Guatemala, 1/3/1997.)

Tomar cartas en el asunto.

Intervenir o participar en un asunto para arreglarlo o solucionarlo.

"Intervenir en una situación conflictiva, especialmente después de haber intentado mantenerse al margen." Esta definición es del *Diccionario de uso* de Vox. Aparece este cliché por escrito en 1849 en la novela *La gaviota*, de Fernán Caballero, y tiene su origen en los juegos de cartas. El buscador de Internet Google nos da 560.000 resultados con "tomar cartas en el asunto."

Hacer caso omiso.

No hacer caso, no tener en cuenta o prestar atención o acatar.

Para el DRAE, omiso es flojo y descuidado pero para doña María Moliner es el participio pasado irregular del verbo omitir, que lo copia del diccionario académico de 1780. Además tiene el significado de descuidado o perezoso, como se dice en *Las constituciones del colegio de Nuestra Señora de los* Ángeles, del año 1791: "... debiendo despedir al que fuere omiso y negligente..." La primera citación es de 1532 aunque el cliché cobra fuerza en el siglo XIX y queda la palabra "omiso" ligada a "hacer caso", hasta nuestros días. Google nos da más de 2.000.000 de casos omisos.

Poner por caso.

Por ejemplo.

La Real Academia Española admitió "poner por caso" en su diccionario de 1884, un poco tarde si consideramos que aparece escrita la frase en 1430. Dice la Academia: "Poner por caso – dar por supuesto algo; poner por ejemplo." María Moliner atina al decir "particularmente en la frase *pongamos por caso.*"

Con (sin) conocimiento de causa.

(No) sabiendo lo que se hace.

El DRAE, 2001, define causa como "motivo o razón para obrar." La frase "con o sin conocimiento de causa" no la reseña, y los demás diccionarios tampoco, a pesar de tener una cita de 1532. Si se tiene suficiente información para actuar entonces se obra "con conocimiento de causa", sabiendo el alcance de lo que se hace. El ejemplo de Javier Marías es: "Con esa voz haría negocios y hablaría de Cuba con conocimiento de causa..." Que significa que hablaría de Cuba sabiendo de qué hablaba y lo que decía. El buscador de internet Google nos da 470.000 citas de este cliché.

Ver el cielo abierto.

Alegrarse ante una oportunidad propicia.

Cuando el cielo se abre, las nubes se apartan, se ve el sol, tal como nos dice Raimundo de Lantery en sus *Memorias* de 1705: "Con que don Juan Bernardo no le respondió palabra y recibió dicha cesión, en que vió el cielo abierto como dicen, porque los tuvo por perdidos..." La Academia le da entrada en 1832. Esta frase ya se consideraba coloquial o vulgar porque nos explica "como dicen", como se suele decir, como habla la gente. José María Iribarren en su *El porqué de los dichos* explica que el origen es bíblico, "Hechos de los Apóstoles", 7: 54-70: "video caelos apertos". Pero no sé.

A ciencia cierta.

Con certeza, con seguridad.

El que no lo haya dicho o escrito "a ciencia cierta" alguna vez, que tire la primera piedra. Este cliché envuelve la idea expresada con un aura de legitimidad al incluir la palabra *ciencia* que tiene gran prestigio; pero a fuerza de saber o determinar las cosas *a ciencia cierta* ha perdido toda credibilidad. Ciencias exactas son las matemáticas. Desde 1884, como mínimo, nos hemos zambullido en este pantano de certidumbres y seguridades. Y el buscador de internet Google nos regala 430.000 ejemplos de uso.

Estar a la altura de las circunstancias.

Estar capacitado para afrontar los acontecimientos.

Desde que Benito Pérez Galdós escribió la frase en 1873, que ya estaba en el idioma, tenemos constancia fehaciente de su nacimiento por escrito. Google nos da 427.000 ejemplos de uso lo que indica que está muy arraigado en el idioma. Luis Martín-Santos en su famosa novela *Tiempo de silencio* escribió "Aquél sí que era hombre, siempre estuvo a la altura de las circunstancias...", un hombre capacitado para afrontar y resolver las cuestiones que se le plantean.

Círculo vicioso.

Situación por la cual la solución de un problema crea otro o empeora el que se trata de resolver.

La expresión tiene su origen en la lógica filosófica, donde la premisa y la conclusión no concuerdan. Cuando no se llega a un acuerdo en algo y se repite la cuestión una y otra vez, hablamos de estar metidos en un círculo vicioso. En lengua inglesa la misma frase se documenta con fecha de 1892; en castellano en 1754, si no antes, porque el *Diccionario de autoridades* de 1729 ya lo reseña. Hasta el Nobel García Márquez echa mano del cliché, así como el filósofo generalista José Antonio Marina.

Claridad (simplicidad) meridiana.

Claro, simple, llano, comprensible.

"Meridiano" significa claro o luminoso. Para Moliner es "de medio día." El cliché lo recoge el diccionario por primera vez en 1989. Mercedes Salisachs,1975, dice en *La gangrena*: "... entonces le describía los pormenores del problema con sencillez meridiana." Ha tenido mucho éxito, tanto que hablan de "claridad meridiana" Jovellanos, Valera, Cela, Zubiri, Bryce Echenique, Escrivá de Balaguer, Rico Godoy, Luis María Anson, Luciano G. Egido, Juan Ramón Lodares (1959-2005) y el filósofo José Antonio Marina, que nos comenta en su *El misterio de la voluntad perdida*: "... porque le permiten dibujar el mundo en una cuartilla con una claridad meridiana, detrás de la cual yo suelo entrever una simplicidad meridiana también."

Cegado por la codicia.

Afán desmedido de posesión.

La codicia, que es un deseo violento de poseer, logra cegar hasta el punto de que con tal de obtener lo que se anhela tanto, se olvidan otros intereses o los males que se pueden causar. La expresión implica la locura de posesión que no se para ante nada ni nadie. Algunos dicen "encegao" y "enceguecido."

Traer (sacar) a colación.

Mencionar.

Mister Google, el de internet, nos regala más de 500.000 ejemplos de uso, lo cual, aparte de ser una barbaridad, demuestra que todo se "trae a colación" en nuestro mundo de hoy. El diccionario de la Real Academia Española de 1780 dice: "F. Fam. Producir o alegar alguno pruebas y razones en abono de su causa." Y doscientos veinticinco años después (2001) da la misma definición, excepto que de "frase familiar" pasa a convierse en "coloquial". Pero para que no se diga que andan despistados, añaden una segunda acepción: "Mezclar palabras o frases inoportunas en un discurso o conversación." Dicen que el idioma cambia a gran velocidad pero ya aparece la frase escrita en 1491, y todavía se emplea, y mucho.

Para colmo de males.

Además, para ponerlo peor, encima.

El colmo es simplemente lo máximo a que se puede llegar en algo: el colmo de la estupidez, el colmo de la ignorancia o, el colmo de los males, que es frase acuñada en el siglo XIX y que sigue vigente. Con un simple "además" tendríamos suficiente para expresar la idea. También se emplea "para colmo" simplemente.

Sin comerlo ni beberlo.

Sin haber participado o hecho nada.

En el *Entremés del figonero*, Juan Bautista Diamante y en 1661 emplea la frase "sin comerlo ni beberlo": "Esto era hacerme agravio, sin comerlo ni beberlo" que el DRAE definió por primera vez en 1817 como "padecer algún daño sin haber tenido parte en la causa o motivo de él." Google de internet nos da sólo 95.000 resultados, que no es mucho para el ciberespacio. Y el *Diccionario de uso del español de América y España*, de Vox, lo tilda de "coloquial."

Entre comillas.

Con reparos, por no decir otra cosa.

Para hacer las cosas bien, consulto diccionarios primero. Es una práctica que recomiendo. "Entre comillas" no consta en el de la Real Academia, 2001. ¿No está "entre comillas" en la Academia? Pues, no. Y tampoco en el novísimo *Diccionario de uso del español de América y España*, de Vox, 2003. Abrimos el Clave: tampoco. Esto se pone feo. Y ni siquiera en el María Moliner. Sin embargo el CORDE de la RAE me da 200 resultados de hace poco. No sé qué pensar. La respuesta debe ser que es locución reciente y posiblemente del inglés *quote, unquote*, que tiene el mismo valor y que poco añade a la palabra que se "entrecomilla". Es de uso frecuente en la conversación cotidiana y es cliché panhispánico. Afortunadamente sí que da razón el *Diccionario fraseológico documentado del español actual*, 2004, que define: "Se usa, en la lengua hablada, para enfatizar lo que se dice, dándole además un sentido especial." La han escrito Sábato, Vargas Llosa, Cabrera Infante (fallecido en febrero del 2005), Sánchez Dragó...

Hasta las (sus) últimas consecuencias.

Hasta el límite, hasta el fin, sin importar los resultados.

Lleva unos dos siglos en el idioma, desde que Manuel José Quintana la empleó en 1814. Un buen ejemplo de uso nos lo regala el diario Hoy, de Chile: "Velasco, se presentó ante la prensa para afirmar que la investigación se llevaría hasta las últimas consecuencias, caiga quien caiga." No ha tenido cabida en el *Diccionario fraseológico documentado del español actual*, 2004, ni tampoco en los diccionarios generales. Más de tres millones de resultados nos da Google de esta frase que, creo, ha perdido todo su frescor inicial.

Contar con los dedos de la mano.

Pocos. Escasos.

Se quejaba Julio Casares (1877-1964), crítico y lexicógrafo español y secretario perpétuo de la Real Academia Española, de que "los verdaderos hispanistas, los estudiosos que han orientado su preparación y su esfuerzo hacia la investigación de asuntos españoles, pueden contarse con los dedos de la mano." Y quería decir con eso de los dedos de la mano que habían pocos, y se olvidaba de que menos "anglicistas", los estudiosos que han orientado su preparación y esfuerzo a la investigación de asuntos anglosajones, hay en España. Que yo sepa, pocos españoles pueden codearse con los ingleses o norteamericanos, por ejemplo, sobre su literatura, historia o cultura. No se acordaba Casares de Washington Irving (1783-1849), o de Fitzmaurice-Kelly (1809-1883) o de William Prescott (1796-1859), y George Ticknor que en 1849 escribió su *History of Spanish Literature*, cuando en España no se hacían esos estudios. Pero nos interesa aquí el hecho de que para decir "pocos" emplea "pueden contarse con los dedos de la mano." Ocho palabras. Más imposibe. Máx Aub nos da un buen ejemplo de uso: "Podríamos contarlos con los dedos de la mano y, seguramente, nos sobrarían."

De todo corazón.

Sinceramente, de verdad.

Me recomendó (es un decir) la inclusión de este cliché D. Graciano García, de la Fundación Príncipe de Asturias, en su articulito de El Cultural (7/4/2005): "Darles las gracias de todo corazón y reconocer su esencial ayuda..." y rebuscando encuentro que deambula por el idioma desde el siglo dieciséis y que lo ha empleado el Conde-Duque de Olivares, Galdós, Menéndez Pelayo, Jardiel Poncela,

Pereda, Gironella, y hasta García Márquez, Premio Nobel, pero no obstante no está en la edición del 2001 del DRAE, sólo aparece "de corazón". En el corazón se asienta el amor, el coraje, la memoria, la bondad... de donde emana también la sinceridad y la verdad, aunque la realidad es mucho más pedestre: músculo encargado de bombear sangre por el cuerpo. El éxito está asegurado: 109.000 ejemplos de uso obtenemos de internet.

Así las cosas.

En esta situación.

Las investigaciones lingüísticas son verdaderamente apasionantes y sorprendentes. ¿Quieren creer que nadie ha reparado en esta frase o cliché hasta ahora? Ni siquiera el excelente *Diccionario fraseológico documentado del español actual,* 2004. Y eso que Alfonso Martínez de Toledo ya la empleó en 1444, que no fue precisamente ayer. Comenzó como "estando así las cosas" y ha acabado con un simple "así las cosas" que Pereda y Verdaguer utilizan, para dar dos ejemplos de escritores conocidos. La Real Academia Española no la incluye en sus diccionarios, ni los otros tampoco, claro, aunque el buscador de Internet Google nos da 3.500.500 resultados, con los cuales podríamos llenar un libro de 800 páginas. Fernando Sánchez-Dragó nos regala un un ejemplo esotérico pero que nos sirve: "Así las cosas, lo mejor será..." Exacto, "así las cosas" lo mejor será estudiar los ejemplos de uso de este archipodrido cliché para buscarle alternativas menos manidas.

Craso error (ignorancia).

Error injustificable.

Verdadera "colocación" de la que nos hablan los fraseólogos. No solemos decir "craso filete" o "crasa pechuga de pollo", o "crasa barriga"; sólo craso error, o crasa ignorancia. El Clave nos dice con desparpajo que craso es "referido especialmente a un error, que no tiene disculpa, generalmente por su gravedad o sus dimensiones." No creo que los errores tengan dimensiones, pero María Moliner acierta más: "Aplicado solamente a error, igorancia... Burdo, grosero." El Diccionario de la Academia de 1770 acierta: "Craso, sa. Grueso, gordo o áspero. Unido con los substantivos *error, ignorancia, engaño,* disparate y otros semejantes, significa lo que no tiene disculpa de ser ignorado, porque se debe saber."

El buscador de internet Google me ha mostrado 390.000 resultados con "craso error".

No dar crédito a los ojos (oídos) de uno.

No creer lo que se ve (oye).

Después de la feliz invención de "dar crédito a" por creer, se dio un paso más y se acuñó la frase hecha "no dar crédito a los ojos de uno" como en el primer ejemplo de 1560: "de cosa ver jamás por él mirada, / o nunca vista, peregrina y nueva, / que dar entero crédito a sus ojos / y a la misma verdad no se asegura...". (Poesía de Francisco de Aladana.)

En resumidas cuentas.

Resumiendo, para terminar, para poner punto final, como conclusión.

Soy partidario del minimalismo lingüístico y me gusta abreviar y ser parco en el decir, y resumir lo más posible, pero no necesitamos advertirlo diciendo *en resumidas cuentas.* Vayamos al grano. Google me da 34.300 resultados donde aparece el cliché.

Habida cuenta.

Considerando, teniendo presente.

Esta frase aparece en el idioma en 1570 y la RAE la incluye en su edición de 2001 por primera vez. Una prontitud de vértigo. El *Diccionario de frases hechas* de Larousse escribe: "Locución prepositiva o conjuntiva (si lleva *que*) de valor causal y propia del *lenguaje culto.*" (Subrayado mío.) Esto del lenguaje culto se me escapa pero Google nos da 520.000 ejemplos de uso lo que podría significar que los *cultos* abundan. José de Acosta es uno de los responsables de tanta cultura al emplear la frase en 1570. Prefiero que me tomen por *inculto* a escribir esta frase.

A cuerpo gentil.

Sin prenda de abrigo exterior.

A cuerpo quiere decir sin prenda de abrigo exterior, y considerando las citaciones también significa sin protección, sin ayuda. Nuestro cliché es siempre, sin embargo, a cuerpo "gentil", colocación forjada en el siglo XX y tenemos ejemplo de uso de Serafín Álvarez Quintero de 1912: "... llega de la calle Juanita, vestida de claro, a cuerpo gentil, y con sombrilla y abanico." Gentil tiene una segunda acepción: de buena presencia, elegante. No se va a cuerpo simplemente, sino que ese cuerpo es gentil y de buen ver. Para el *Diccionario fraseológico documentado del español actual* es de uso humorístico. Entra en el diccionario de la Real Academia en 1884 pero remite a "en cuerpo" y para el cual da esta definición: "con sólo el vestido ajustado al cuerpo." Pero, claro, de cuerpo gentil no se dice nada, a pesar de que hasta lo emplea Javier Cercas, el escritor de bestsellers.

Cúmulo de.

Una serie de, una ristra de, muchos, un montón.

Cúmulo, acumulación, montón, ha dado como resultado el cliché, popular ya que Google nos da 210.000 ejemplos de uso. Para María Moliner cúmulo es "reunión de gran cantidad o número de ciertas cosas." Podemos tener un cúmulo de trabajos, de merecimientos, de dificultades, de problemas, de comentarios, de posibilidades, de acontecimientos, de desgracias... Ninguno de estos "cúmulos" son "cosas", pero es impreciso: ¿cuánto es un cúmulo de problemas? ¿Tres? ¿Quinientos? Para Joan Corominas la palabra, del latín *cumulus*, data de 1580, pero no la documenta en su *Breve diccionario etimológico de la lengua castellana*. La primera cita es de 1598, cuando escribió Alonso de Villegas "El que procede deste modo declara que no sube a la dignidad de prelado, sino a un cúmulo de trabajos." Más de cuatrocientos años en el idioma.

Dd

Dicho sea de paso (pasada).

Aprovechar la ocasión para mencionar algo adicional que parece pertinente.

Como quien no quiere la cosa, se menciona algo de pasada, casi de puntillas, aprovechando la oportunidad que parece pertinente. No encuentro el cliché en ningún lexicón, ni en el DRAE. Anda suelto desde 1840, y del que Google nos da 3 millones de ejemplos de uso. Hay gente adicta a estas frases hechas, por pereza, desidia y por ese prurito que tienen algunos de escribir por escribir.

Es decir.

Muletilla empleada para añadir una aclaración a lo dicho, o simplemente para decir lo mismo con otras palabras.

Si el enunciado es confuso y hay que añadirle una explicación aclaratoria, lo mejor es reconsiderar lo dicho y rectificar y mejorar, en vez de recurrir al "es decir." Concepción Arenal, Galdós, Zubiri, Pinillos, no se han percatado de esto. En estos casos si quitamos la frase del texto no pasa nada. María Moliner pone un ejemplo muy chusco, pero que demuestra lo bobo que es esta frase: "Los madrileños, es decir, los naturales de Madrid." (Sin comentarios.) Los ingleses, que son unos copiones, dicen: *that is to say*, y se quedan tan anchos. Y creo que los franceses, que también copian todo lo que pueden, dicen: "*c'est à dire.*" Es un consuelo saber que no estamos solos, por aquello de que mal de muchos, consuelo de tontos (todos).

Huelga decir.

Ser algo tan obvio y claro que es supérfluo mencionarlo.

Ver "ni que decir tiene", abajo. Alejandro Gándara hace un esfuerzo para zafarse de este cliché y le sale "Obsta decir que....". Pero la idea no cambia. Google nos da

300.000 resultados. Pertenece al pasado siglo XX y tenemos una primera cita escrita de Gregorio Martínez Sierra, que vivió y murió en Madrid entre 1881 y 1947, autor de la famosa *Canción de cuna*: "Tratándose de mí, huelga decir que esta afirmación no encierra ni el más leve asomo de censura..." Creo que huelga decir más.

Ni que decir tiene.

Ser algo tan obvio y claro que es superfluo mencionarlo.

La frase es casi bordón conversacional, un tic, en el que inciden, y reinciden, los mejores escritores y estilistas de la lengua castellana. Si lo que se dice no hace falta decirlo, ¿por qué decirlo? Es curioso, pero los libros de estilo nunca mencionan este cliché. Ricardo Senabre (El Cultural, 26-2/9/2001) creyó que había encontrado la solución para evitarlo y dice: "... diálogos que -obvio es decirlo- el autor compone con ejemplar destreza..." En inglés se dice *needless to say*, que es también un cliché, un bordón. La lengua inglesa tiene un *it goes without saying* que a finales del siglo XIX copió del francés *Celà va sans dire*, de donde posiblemente procede nuestra frase.

Por real decreto.

Porque sí, a la fuerza, sin posible apelación.

El diccionario de la Academia en su edición del 2001 escribe: "Porque sí, de forma inapelable." Es una frase tan reciente que entra en la Academia por primera vez en el año 1989 con la siguiente definición: "Loc. adv. fig. A la fuerza, porque sí, obligatoriamente." Añade que se usa en sentido irónico. Un decreto es una disposición del gobierno para implementar una ley. España, al ser una monarquía, aprueba "reales decretos", de ahí el origen del cliché que, con el sentido que nos interesa, es de reciente acuñación, y que se les escapa a cuatro o cinco, incluyendo al *Diccionario fraseológico documentado del español actual*, 2004, que omite "real".

Poner el dedo en la llaga.

Acertar, ahondar en un tema.

La frase aparece en el diccionario de la Academia desde 1869 y en el año 1814 ya se encuentra una cita de Manuel José Quintana (1772-1857): "... y Feliú en esta parte supo poner el dedo en la llaga mortal que nos afligía." Pero sospecho que la locución es más antigua, aunque no la reseña tampoco el *Nuevo diccionario de la lengua castellana*, de Guim, del año 1863, tanto es así que Antonio Cánovas del Castillo (1828-1897) nos dice en uno de sus Discursos, de 1862: "... aunque pongamos, como vulgarmente se dice, el dedo en la llaga." Ya se decía "vulgarmente", en la conversación informal en aquellas épocas. El *Gran diccionario de frases hechas* de Larousse (2001) apunta un posible origen de la frase: "Procede seguramente de la narración evangélica según la cual Jesús de Nazaret, resucitado, se hizo tocar la herida del lanzazo por el incrédulo Mateo para convencerle de quién era." Esto se encuentra en Juan 20:26-31 y es Tomás el incrédulo, no Mateo: "Luego le dijo a Tomás: Pon aquí tu dedo, (*deinde dicit Thomae infer digitum tuum huc*) y mira mis manos; y acerca tu mano, y métela en mi costado, y no seas incrédulo, sino creyente." No creo probable este origen bíblico porque la frase "poner el dedo en la llaga" hace su aparición a principios del siglo XIX. Es más plausible que la llaga, el daño que tenemos, sea sensible, y cuando alguien pone el dedo en ella nos irrita y molesta. Hay un cuadro titulado *La incredulidad de Santo Tomás* (que se puede admirar en Compton Verney, a 95 kilómetros de Londres) del pintor italiano Bernardo Strozzi (1581-1644) donde se ve al santo poniendo un dedo en la llaga de Jesucristo. El título del cuadro lo dice todo. Iribarren no incluye el cliché en su *El porqué de los dichos*. El caso es que desde Quintana se ha repetido lo suficiente como para convertir esta frase en un lugar común. Google nos da 440.100 resultados de uso actual.

Defender (como) a capa y espada.

Defender con vehemencia.

Ya no llevamos ni capas ni espadas pero la frase sigue. Aparece en el Diccionario de Autoridades, 1729, que cita a Fuenmayor, de 1595, quien decía: "... como a capa y espada toma la defensa de Riblaut, hereje y cosario de nombre." Es posible que el origen sea la costumbre de enrollar la capa en el brazo izquierdo –en el caso de los diestros- para utilizarla a manera de escudo mientras se esgrimía la espada con la diestra. Sin embargo muchas citaciones nos hablan de "defender como a capa y espada", lo cual también pudiera indicar que la defensa de algo se hace como si fuese nuestra capa y espada, especialmente si tenemos en cuenta que "defender uno su capa" equivalía a defender uno su hacienda o posesiones. 52.000 resultados de uso nos da Google.

Defensa apasionada.

Defensa vehemente y sulfurada.

Como una "defensa" simple y llana de algo o de alguien no parece suficiente, algunos escritores siempre la hacen apasionada, por vehemente, tenaz, terca. Debemos pensar que se defiende mejor algo con pasión; o quizá abusen de los adjetivos, que es un mal muy repartido y empleado. Hasta hay un libro que es *Una defensa apasionada del idioma español* de Álex Grijelmo, que me parece muy bien, pero yo creo, quizá por mi ignorancia y falta de preparación, que el idioma no necesita de estas defensas, apasionadas o no. Dejemos que vaya por sus veredas y que cada cual cultive su jardín, como nos recomendaba Cándido –el de Voltaire, claro. La primera citación es de Néstor Almendros, de 1947 (*Cinemanía*): "... la postura digna de un viejo profesor frente a los atropellos, la defensa apasionada de los altos principios eternos."

Llevarse por delante.

Destruir, matar, atropellar.

Claro eufemismo por destruir, matar, que lleva en el idioma más de cuatrocientos años. Un eufemismo es para el diccionario Clave2 "palabra o expresión suave con la que se sustituye otra que se considera violenta, grosera o malsonante." Estas variantes suaves han existido desde siempre y en nuestro ejemplo, tenemos una cita de 1629 donde se dice: "... y sale el agua de represa con tanta furia que lleva por delante toda la tierra que se ha cavado..." Ha tenido mucho éxito este cliché desde entonces y lo han empleado, entre otros, Joaquín Dicenta, Sábato, y Carmen Rico Godoy. Siempre es mejor utilizar palabras en vez de frases, como decía Cela: "Sería buena cosa que los españoles se pusieran de acuerdo para hablar con palabras y no con frases, cutre y mala costumbre a que le han empujado la frecuentemente escasa formación y raro gusto de quienes hablan en voz alta..." Barrunto que esta cutre costumbre forma parte del idioma y poco se puede hacer ya.

Hasta el delirio.

Mucho; tanto que se convierte en obsesión.

Delirio es desvarío, acción de delirar, o trastorno de la mente. Se exalta una pasión hasta *el delirio*, uno es feliz hasta *el delirio*, mimar hasta *el delirio*, disfrutar hasta *el delirio*... es una manera exagerada de decir que se exalta una pasión mucho, que uno es muy feliz, que se mima mucho a alguien, que se disfruta... Pero así son los clichés. Repito las palabras de Vossler: "Una expresión hablada se origina de una expresión individual, pero se naturaliza cuando los otros la consienten, la aceptan, la repiten..." Casi siglo y medio lleva este cliché con nosotros. A veces me pregunto si autores como Larreta, Pérez de Ayala, Gironella, Martín Gaite, entre otros, eran conscientes de lo que hacían cuando lo escribían. No lo creo. La primera cita es de Gertrudis Gómez de Avellaneda, *El artista barquero o los cuatro 5 de junio*, 1861.: "Pocas eran, por tanto, las ilusiones que podia alimentar el desventurado francés, cuya pasión se exaltó hasta el delirio por los mismos obstáculos..."

Mientras (hasta que) no se demuestre lo contrario.

Es como es hasta que se demuestre que no lo es. Así es.

Leopoldo Alas (1876): "Un hombre fino es un hombre bueno..., mientras no se demuestre lo contrario." Y el Código Civil de 1889 emplea esta frase, aunque no aparece en los diccionarios, que no saben de su existencia. Ortega escribió en 1916 (*El espectador*): "Toda mujer es guapa mientras no se demuestre lo contrario." Esto puede darnos qué pensar sobre la belleza, la mujer y el idioma, principalmente sobre el idioma. "Debemos pensar que toda mujer es siempre guapa" debería haber escrito nuestro admirado filósofo.

Dejar mucho (bastante, algo) que desear.

Imperfecto, malo, no satisfactorio.

Los diccionarios nos sorprenden a veces con manifestaciones curiosas. El DRAE se percata de esta frase en 1989 y dice: "Dejar una persona o cosa bastante, o mucho que desear. fr. No ser como se desea; ser imperfecta o mala." Y aquí viene lo sorprendente: desaparece en sucesivas ediciones. ¿Por qué? En inglés es "to leave a lot (much, a great deal) to be desired." El cliché tiene solera desde 1786, cuando lo usó Juan Meléndez Valdés (1754-1817). Google nos da 140.000 resultados de uso, que nos da una idea de lo mucho que se emplea ahora.

Cabe destacar.

Señalar, recalcar, enfatizar, destacar.

Este bordón o muletilla es de reciente aparición y se repite desde los años cincuenta del siglo veinte. La clave está en el verbo "caber" que se convierte aquí, junto a "destacar", en un giro que ha adquirido tal vigor idiomático que Google nos da 437.000 resultados de uso. Estas frases cruzan el Atlántico con agilidad y se implantan en diferentes países de habla castellana; así, el Diario de México escribe: "Cabe destacar que esta es la tercera vez que Carlos Ahumada sale del Reclusorio Norte..." No está la frase reseñada en diccionarios y las definiciones que nos dan para el verbo "caber" y sus posibilidades no concuerdan con nuestro cliché. Una primera citación es de S. Alvarado, de 1957, *Ciencias naturales.*

Con todo lujo de detalles.

Minuciosa información.

Lujo se emplea con valor ponderativo, como en "es un lujo tener un cocinero como tú." A veces dormita Homero (se equivocaba) pero no sólo Homero echaba cabezadas, también Becquer, Vargas Llosa, Asturias, Bryce Echenique... sobre este cliché y lo empleaban mucho. La primera documentación escrita que he conseguido es de 1870, de Gustavo Adolfo Bécquer, el de las golondrinas, que escribió "... esta ciega fe, este mismo lujo de detalles, hijos de la imaginación del pueblo..." Y tantos años después, Google nos da 175.000 ejemplos de uso.

Deuda de gratitud.

Deber un favor.

El que no tenga deudas que tire la primera piedra. Pero aquí hablamos de gratitud, no de dinero. Este cliché no consta en ningún diccionario, aunque lleva más de dos siglos con nosotros y lo ha utilizado desde Jovellanos, 1778, a Salvador Pániker, 2002, pasando por Ganivet, Juan Benet y Álvaro Mutis. El caso es que todos debemos algún favor y es bueno reconocerlo públicamente pero no empleando esta frase manida que demuestra falta de imaginación. Melchor Gaspar de Jovellanos empleó la frase por primera vez en 1778.

En deuda con.

Estar agradecido, por favores recibidos.

Este cliché no implica deuda económica tampoco. Cervantes utiliza la locución en su obra, pero con el sentido de las que se pagan con dinero, y no la obligación moral de estar agradecido. El cliché completo es "estar en deuda con alguien" y la primera documentación es de Pérez Galdós, de 1897. Dejémonos de frases hechas y utilicemos verbos, que para eso están.

El día menos pensado.

Inesperadamente, repentinamente, en cualquier momento, cuando menos se espera.

270.000 resultados en Google, lo cual indica que estamos ante una locución que se emplea hoy y que, por tanto, está vivita y coleando. Apareció a finales del siglo XVIII o principios del XIX. Tenemos una primera citación de 1820, de Sebastián de Miñano, que fue emulado por muchos más que no podemos citar.

Diálogo de sordos.

Imposibilidad de entendimiento.

"Conversación en la que los interlocutores no se prestan atención." El Hachette nos dice "Dialogue de sourds, dans lequel les interlocuteurs ne se comprennent absolutament pas." Esto indica que no somos los únicos en enzarzarnos en diálogos, monólogos, absurdos. No tiene más de medio siglo de vida, lo cual es poco para una expresión. Se dice que hablando se entiende la gente, pero no es así. La gente se aferra a sus ideas y hace "oídos sordos" a lo que los demás dicen. Por lo tanto, hablando no se entiende la gente de poca voluntad dialogante. Julio Cortázar emplea la frase en *Rayuela*.

Grandes (enormes) dimensiones.

Grande.

Al contrario de la nuestra, la cultura anglosajona tiene una gran tradición de consultar diccionarios. Las palabras o las frases no siempre tienen el significado que creemos que tienen y encontramos que: atrio, forma, cuadro, horizonte de la sensibilidad humana, espejo, escultura, proyecto histórico, escenario, tarea, árbol... en fin, que casi todo puede tener "grandes dimensiones". Octavio Paz, premio Nóbel, nos habla de "una escultura de grandes dimensiones." Yo, sin embargo, prefiero que me digan que la escultura tenía setenta metros por cuarenta, que me daría una idea más exacta de sus dimensiones y me parecería verdaderamente "de grandes dimensiones". Los telediarios nos hablan de "cuchillos de grandes dimensiones" que portan los asesinos. ¿un metro? ¿tres metros?

Como Dios manda.

Bien, debidamente, como se debe ser y hacer.

Parece que Dios nos manda que hagamos las cosas bien, pero no está la frase en el diccionario de la Academia en su edición de 2001. Desde 1550 anda el cliché rodando de boca en boca, y hasta Avellaneda lo utiliza, y más recientemente Amando de Miguel, tan sutil él con estas perversiones idiomáticas. Dios nos manda mucho que no cumplimos, pero queda bien mentar su nombre. 548.000 resultados en Google, que ya está bien.

Mar de dudas.

Perplejidad, confusión, aturdimiento.

Este cliché cursi tienta a muchos escritores. No ha sido reseñado en diccionarios, pero sí en Internet donde Google muestra 370.000 resultados. ¿Fue Juan de Villa Gutierre en 1680 el primero en emplear este símil? Lo cierto es que lo han copiado Pedro Salinas, Ignacio Agustí, Eduardo Mendoza y Luis Mateo Díez. A mí me parece una frase hecha absurda.

No tener (dejar, quedar, abrigar, albergar) la menor (ninguna) duda.

No dudar, no tener dudas; estar seguro.

Las dudas no pueden ser ni pequeñas ni grandes: o tenemos dudas o no las tenemos. No hay grados. Si se pudiesen medir por gramos, una duda de 300 gramos sería menor que una de 975. Pero no es así. Estas dudas nos presentan la ocasión de observar cómo se desarrolla el cliché, por mimetismo, por copia e imitación. Tres millones de ejemplos de uso nos da Google. Me pone carne de gallina. Repito: empleemos verbos, que para eso están.

Qué duda cabe.

Con seguridad, sin duda, cómo no.

Indica seguridad en la expresión. Un latiguillo que atrae a muchos y que deberíamos descartar de todo escrito que tenga pretensiones de rigor y claridad. Ya he citado las palabras de José Antonio Marina: "Sólo los ignorantes o los fanáticos pueden hacer afirmaciones tajantes..." Tengo la impresión de que los que utilizan esta expresión lo hacen por simple inercia, por decir algo, porque simplemente se les viene a las mientes, sin más, sin picardía, sin saber lo que están diciendo. Esto en el mejor de los casos y pensando bien, con buena intención.

Sin duda.

Con certeza.

Expresión henchida de soberbia y totalitarismo que no deja discrepar y que implica seguridad absoluta. Los que la emplean demuestran su talante poco dialogador. Marcelino Menéndez Pelayo la emplea 100 veces en su *Orígenes de la novela.* Más cercano a nosotros, Manuel Rodríguez Rivero nos regala tres "sin duda" en el ABC Cultural del 24/8/2002. Google nos da 53.000.000 resultados, nada menos, que demuestra lo segura que está la gente con lo que dice. Desde 1494, por lo menos, tenemos en el idioma esta certeza que no admite réplica. Y a menos que no cambiemos el carácter y el talante de la gente, tenemos "sin dudas" para rato.

Sin lugar a dudas.

Con certeza.

Este cliché es primo hermano de "sin duda alguna", "sin duda" que implica certeza absoluta en los razonamientos que se exponen. Son variantes inventadas por los poseedores de la verdad, esos que nunca se equivocan. Dice Edward O. Wilson en su libro *Consilience*, y en traducción mía: "Las personas versadas en ética o razonamiento moral no son proclives a justificar los fundamentos de la ética o a admitir falibilidad. Raramente dicen: éste es mi razonamiento y puede que esté equivocado."

Ee

Hacerse eco de.

Aceptar, asumir como propio, propagar, repetir.

Eco es un sonido que vuelve a su origen y parece una repetición. La Real Academia anota "hacerse eco de" por primera vez en su diccionario de 1984 y en la edición de 1992 dice: "Contribuir a la difusión de una noticia, rumor, etc." El etc. tiene su gracia en una definición de diccionario. Lo mejor es no hacerse eco de nada y no repetir frases manidas, hechas, en vez de emplear verbos. Google nos da 300.000 ejemplos de uso.

A todos los efectos.

Prácticamente; que abarca todo lo que nos concierne; para las cuestiones que nos interesan. Casi.

Es curioso que una frase hecha como ésta que tiene 3 millones de resultados en Google no esté reseñada en los diccionarios generales. El idioma inglés tiene un cliché muy parecido: *to all intents and purposes* que tiene el mismo significado. Me inclino a creer que es una frase prácticamente huera de sentido real, pero que se emplea con frecuencia, como nos apuntan los ejemplos de Google, y que creo de origen legal, jurídico. Cito a Camilo José Cela: "Recuérdese que este tomo III de mi Obra Completa alcanza sólo hasta 1956 y, a casi todos los efectos, no más que..." Quizá pudiéramos substituir el cliché, en este caso, por "prácticamente".

Por ende.

Además, por lo tanto.

Citemos las palabras de don Pío Baroja en su *Desde la última vuelta del camino*: "Yo no escribiré nunca «por ende» … porque éstas y otras palabras las leo, pero no las oigo. Sobre todo, no las he oído. Esto me basta para no usarlas. Son para mí voces inusitadas, que no añaden un matiz nuevo a una idea. Todo ello constituye un léxico que a mí me parece una moda modernista muy próxima a la trivialidad y a la cursilería." Trivialidad y cursilería son dos palabras que deberíamos recordar cada vez que nos topamos con un cliché. José Jiménez Lozano, Premio Cervantes, dice que la gente que emplea ciertas frases hechas "... piensa seguramente menos en iluminar la afirmación que está haciendo que en manifestar su propio *status* supuestamente alto-cultural con un vocabulario que cree que es escogido." Y muchos creen que "por ende" es mejor que por lo tanto, y se creen finolis y de cultura.

Enemigo acérrimo.

Acérrimo es superlativo de acre, del latín *acerrimus*. El diccionario de la Academia dice de este adjetivo: "muy fuerte, vigoroso o tenaz. Intransigente, fanático, extremado." Acérrimo puede ir con martirio, difamador, ingenio, defensor, tormento, reformador, competidor, partidario, adversario, apologista... El Diccionario de Autoridades, 1726, el primero que compiló la Academia Española (fundada por Felipe V) definía acérrimo como "Mui fuerte y firme en sumo grado, vehemente, constante y tenaz. Tirso de Molina escribió en 1624, en su *Cigarrales de Toledo*: "Dio la que traía don Melchor, enemigo acérrimo de todo lo que se opone a la claridad y usura, imitadora de la Naturaleza."

Por enésima vez.

Muchas veces; otra vez más después de muchas.

"Enésimo" entra en el diccionario de la Academia en la edición de 1936 que explica: "Dícese del número indeterminado de veces que se repite una cosa." La primera documentación escrita es de Ernesto Jiménez Caballero, escritor y político español nacido en 1900, y data de 1923. A partir de entonces todos se han apuntado a la enésima vez: "En matemáticas, que ocupa un lugar indeterminado en una serie," explica el diccionario CLAVE. Ha tenido mucho éxito, tanto que internet nos da un millón de ejemplos de uso. Carlos Ruiz Zafón en su *La sombra del viento* escribe: "Temiendo meter la pata por enésima vez..." Enésimo puede también ir acompañado de *fraude*, *partido*, *favor*, *traspiés*, *revés*, *vez*...

Larga y penosa (cruel) enfermedad.

Enfermedad grave.

Este cliché es en realidad un eufemismo por cáncer u otra enfermedad que no mata de inmediato, que mata haciendo sufrir al enfermo. Apareció pronto en el idioma; la primera cita de 1589, lo demuestra: "... que estando una persona muy fatigada de una larga y penosa enfermedad, suplicó á Dios que la librase della..." de Pedro Ribadeneira, *Tratado de la tribulación*. Google nos da 223.000 resultados de este cliché que quizá debiéramos remozar.

Como por ensalmo.

Milagrosamente, inexplicablemente, como por arte de brujería o magia.

Entra en el Diccionario de Autoridades de 1732, con la definición que todos copian, y nos explica que los ensalmadores, los que hacen ensalmos, usan de versos tomados de los Salmos, de la Biblia, el origen de nuestra frase. El verbo ensalmar es curar con ensalmos. El historiador Modesto Lafuente y Zamalloa (1806-1866) nos regala una primera cita de 1842: "Se va á subir á un coche, y jamás deja de aparecerse *como por ensalmo* un ciudadano para abrir la portezuela y preparar el estribo..." Esos eran los "gorrillas" de antaño.

Entresijos del poder.

Los secretos, los misterios, lo recóndito.

Para el DRAE entresijo es: "cosa oculta, interior, escondida." Para el diccionario Clave es lo que está escondido o en el interior. Pero "los entresijos del poder" es frase hecha de difícil justificación, que anda en el idioma por lo menos desde que Diego de Torres Villarroel la acuñó. El poder tiene muchos recovecos y mucha trastienda incluso hoy, pero eso no justifica el uso indiscriminado de una frase manida.

De (gran, mucha, tanta) envergadura.

Muy importante, de importancia, grande.

Está ya tan arraigada la frase en el idioma y en la mente de los hablantes que el diccionario Clave2 nos dice de envergadura: "Importancia, alcance o categoría de algo." María Moliner cree que empleó la frase el político Antonio Maura (1853-1925), pero no lo he podido corroborar.

La envergadura es el ancho de una vela, de las alas extendidas de un ave, de las alas de un avión. Se puede leer en Internet: trabajo, estupidez, eventos, pivot, transacción, historia, proyectos, intereses, movimiento artístico de "gran envergadura." Fernando Lázaro Carreter nos dice: "... un locutor se quejaba de la *envergadura* del jugador irlandés [...] queriendo aludir, claro es, a su descollante estatura, pero diciendo, de hecho, que tenía formato de cuadrumano, pues no otra cosa significa *envergadura*: Distancia entre la punta de los dedos, con los brazos extendidos."

Si no me equivoco.

Estoy casi seguro.

Es una manera de hablar ya que el que usa la expresión está seguro de no equivocarse y está convencido de que lo que dice es cierto. Pero como es una frase hecha, se emplea para dar la apariencia de modestia, de falsa modestia, naturalmente. La realidad es que se puede –quizá se deba- prescindir de esta frase, aunque Galdós, Ortega, Martín de Riquer, Julio Casares y otros han echado mano de ella, sin pudor. La primera cita que tengo es de Don Ramón de la Cruz, 1769. (Es el único literato español que tiene "don".)

Error (fallo) garrafal.

Error importante.

Es éste un buen ejemplo de lo que los fraseólogos llaman "colocación", del inglés *collocation*, y como nos dice Gloria Corpas Pastor, de la Universidad de Málaga, "... las colocaciones son unidades fraseológicas de pleno derecho [...] ya que están formadas por al menos dos palabras gráficas, como *soltero empedernido y lluvia torrencial*." Dos palabras que van siempre juntas y por eso son colocaciones. Garrafal significa enorme, mayúsculo, y así lo emplea Quevedo cuando nos dice "sabañón garrafal", en su *Poesías*, y Tirso en su *Los balcones de Madrid*, 1632, nos habla de "grito garrafal." Pero luego llega alguien y une garrafal con error, y ya tenemos una "colocación", un nuevo cliché o frase hecha.

Ímprobos esfuerzos.

Grandes y trabajosos esfuerzos.

Ímprobo es "referido especialmente a un esfuerzo, que es excesivo o continuado", se puede aplicar a trabajos, esfuerzos, estudios y poco más, pero el cliché que nos interesa es "ímprobos esfuerzos" que ha tentado a muchos escritores. El Diccionario de Autoridades (1726-39) ya lo menciona: "Ímprobo. Vale también lo que cuesta gran trabajo, pero inútil o sin fruto: y assí se dice, se hizo esto con un trabajo ímprobo." Pero uno de los primeros en escribir esta frase fue D. Eduardo Acevedo Díaz (1848-1921), literato y periodista uruguayo en 1886. Tiene la variante "esfuerzos ímprobos". Este adjetivo es un parásito de trabajo, esfuerzo, estudio, sustantivos a los que vampiriza sin el menor remordimiento. Tratemos de evitarlo.

Argumento (oficio, asunto) espinoso.

Difícil, comtrovertido, desagradable, polémico.

Espinoso es lo que tiene espinas, especialmente las plantas, claro, y, por extensión, lo que resulta difícil, comprometido y hasta desagradable. Supongo que en su lucha por sobrevivir, las palabras se unen a otras, las vampirizan. El adjetivo espinoso, referido a las plantas, tendría poco uso en la conversación corriente, pero unido a argumento, asunto, caso, cargo y tema, por ejemplo, se aferra a la vida y evita un posible olvido. Comenzó esta andadura pronto, posiblemente en 1544 y sigue en la brecha con gran voluntad y con el visto bueno de muchos autores.

Ni están todos los que son, ni son todos los que están.

No todos están incluidos, y los que lo están, quizá no lo merezcan.

Nos dice José María Iribarren, *El porqué de los dichos*, cómo descubrió el origen de esta frase. Escribe "... tuve la suerte de encontrar, donde menos podía esperarlo, el origen del famoso aforismo. Se trataba, como yo sospeché, de una cuarteta mutilada. Realicé mi hallazgo leyendo el libro de Francisco Flores García titulado *Memorias íntimas del teatro*, en el cual dice el citado autor: 'Respecto a la locura, me atengo a lo que Campoamor hace decir a un alienado en su famosa comedia, injustamente olvidada, *Cuerdos y locos*: 'Pues, como dice el refrán / en esta santa mansión / ni están todos los que son / ni son todos los que están.' [...] Lo indudable es que Campoamor, en la comedia aludida, dio forma al dicho, convirtiéndolo en frase proverbial que ha llegado hasta nuestros días." Otros han repetido esto sin mencionar la fuente, claro, como el *Gran diccionario de frases hechas*, de Larousse, por ejemplo. La obra de Campoamor se estrenó en Madrid el uno de marzo de 1873. La Biblioteca Nacional posee un ejemplar de M. Rivadeneyra, también de 1873, "comedia en tres actos." Pero he seguido indagando, que es lo mío, hasta descubrir la siguiente cita: "Un loquito del hospicio me dijo en una ocasión: ni son todos los que están, ni están todos los que son" que es de *Fernán Caballero* (1796-1877), de su *Genio e ingenio del pueblo andaluz*, y que también escribió en su novela de 1863, *Un servilón y un liberalito o Tres almas de Dios*, (Cap. IV, "La tertulia a la luna") diez años antes de que Campoamor estrenase su comedia. La novela lleva prólogo de D. Antonio Aparisi i Gujarro, con fecha 11 de noviembre de 1857. No fue, por tanto, Ramón de Campoamor el acuñador de la frase. ¿Intertextualidad? ¿Olvido? ¿Plagio? O quizá es que la frase andaba ya desde tiempo de boca en boca, como sigue haciéndolo hoy, y como el propio Campoamor apunta en su cuarteta, "Pues como dice el refrán..." Y como Fernán Caballero explica: "Bien dice la copla..."

La frase no sólo alude a locos y cuerdos, sino que se refiere también a los que no están incluídos en lo que sea, y los que sí, a lo mejor no deberían haberlo sido. Google nos da 124 millones de resultados...

Un largo etcétera.

Y muchos más ejemplos.

De muy reciente aparición –la primera citación es de 1976 - transcribo lo que dice Amando de Miguel (*La perversión del lenguaje,* 1994.): "Como si hubiera etcéteras de distintas dimensiones. Hay todavía gacetilleros que cierran una interesante relación con etc., etc., etc., seguramente contagiados de la manía de aquel delicioso personaje de Ana y el Rey de Siam. Baste con un «etc.» cuando la relación apuntada es más larga y el lector adivina fácilmente los elementos que quedan por citar. Por ejemplo, se puede decir «los pecados capitales -soberbia, avaricia, etc.- son hoy veniales». El interlocutor medianamente instruido en la doctrina cristiana debe recordar cuáles son los pecados capitales que restan. Menos legítima es la afirmación de que «no hay que olvidar los efectos de la crisis económica, como el paro, la inflación, etc.» Si no hay que olvidarlos convendría que el autor nos los recordara otra vez porque el lector no sabe muy bien qué otros. A Fernando Lázaro Carreter (*El dardo en la palabra*) le parece que proviene del inglés porque el *Webster* que ha consultado da como ejemplo: "A long etcetera of illustrious names." Y dice: "Un anglicismo, por tanto. Era insospechado, por tan necio." No digo que no haya necedades en inglés. Pero el British National Corpus no tiene ni un "long etcetera" (ni siquiera "a long et cetera") mientras que el CREA de la Real Academia posee, hasta hoy, 165 "largos etcéteras". Esto hace dudar de quién es el padre de esta estupidez. Como conclusión diré que siempre es aconsejable ser parco con el etc., largo o corto.

Con total exactitud.

Con exactitud.

Creo que la exactitud no tiene grados, pero sí para doña Emilia Pardo Bazán (1851-1921) que en *La Tribuna* (1883) nos dice: "...en aquellos inexplicables rincones donde quizá ella misma no sabía con total exactitud lo que guardaba." ¿Quizá signifique esto que se tiene una certeza (exactitud) que no es certeza (exactitud), sino casi certeza (exactitud)? Parece un juego de palabras pero es que el cliché "con total exactitud" tiene miga. La fraseología tópica es así, señores, nos guste o no. Huyamos pues de ella, con rapidez.

Salvo honrosas excepciones.

Sin contar algunas excepciones.

Leyendo la Introducción que Julio Casares escribió a su *Diccionario ideológico de la lengua española* leo "...y si hoy en nuestra literatura, salvo honrosas excepciones..." que me interesa. "Salvo honrosas excepciones" quiere decir, por ejemplo, que todos son unos malos escribiendo, excepto unos cuantos, que no nombramos porque la frase sólo trata de cubrirnos las espaldas y dejarnos a salvo por si alguien de importancia se queja. Y todos se creerán parte de esas "honrosas excepciones." Yo podría decir: "salvo honrosas excepciones, todos los los libros de estilo son una vergüenza." Tiro la piedra y escondo la mano. ¿Quién se puede quejar?

Rotundo éxito.

Un éxito que todos admiten como tal.

Rotundo viene del latín *rotundus* que procede a su vez de *rota*, rueda, lo que era circular. Ahora es lo que es completo y categórico y se une a *un sí, contestación, afirmación, negación, éxito* especialmente *éxito*. Y don Julio Casares (1877-1964) nos dio un buen ejemplo de uso: "Sabido es que durante el presente curso académico 1948-49. D. José Ortega y Gasset ha fundado en Madrid, con oportunidad y acierto, a los que ha correspondido el más rotundo éxito, un Instituto de humanidades..." ¿No le bastaba "con éxito"? Pues no. Supongo que lo de "rotundo éxito" le rondaba la cabeza y creía que era más exitoso así. El idioma no gusta de una palabra cuando puede emplear dos. José María de Cossío se apuntó a este éxito, así como Ruiz Zafón y Almudena Grandes. Y hasta el antiguo Ministro Plenipotenciario del Reino Unido en Madrid, Mr. Stephen White dijo (22/11/2004): "Este año el profesor invitado a ocupar la Cátedra Reina Victoria Eugenia, Larry Siedentrop, tuvo un éxito rotundo." Google nos da 900.000 ejemplos de uso.

Cubrir el expediente.

Hacer lo justo, lo mínimamente necesario.

Los escritores Mesonero Romanos y Pérez Galdós ya habían empleado este *expediente* en su *Escenas y tipos matritenses* y *Doña Perfecta* en el siglo XIX. Informe, documento, procedimiento administrativo es un expediente, palabra que aparece ya en el Diccionario de Autoridades, 1732. La definición de la Academia del 2001 es "2. fr. coloq. Aparentar que se cumple una obligación o hacer lo menos posible para cumplirla." Pero esta definición aparece desde la edición de 1925 porque anteriormente el diccionario académico decía, como en 1899: "Cometer un fraude salvando las apariencias." Lo interesante de este ejemplo es que seguimos cubriendo el expediente, haciendo lo justo, lo mínimamente necesario para salir del paso, del aprieto, sin tener que hacer grandes esfuerzos o sea: salvando las apariencias.

Amarga experiencia

Google reseña 400.000 ejemplos de "amarga experiencia". Las experiencias pueden ser buenas o malas, inclusive "amargas", para darles un sabor fuerte y desagradable como el café, el cacao puro o las almendras verdes. Cristóbal de Rojas, *Compendio y breve resolución de fortificación*, 1613: "... con amarga experiencia obligó a los padres" expresando que no fue agradable o placentera la experiencia. Pero hablar o escribir siempre "amargo" junto a "experiencia" cansa, aburre. Hasta el dictador de Cuba Fidel Castro, usaba el cliché en sus discursos. Y el Diario Montañés (12 julio, 2017) nos dice "Tras su amarga experiencia americana, Cristina Alonso ya está de vuelta."

Por extraño que parezca.

Aunque sea difícil de creer.
Por inaudito que parezca.

Locución vacía de significado, que se puede omitir siempre. Parece indicar que lo que se dice no parece, o no es, verosímil, y por eso se advierte, para que no sorprenda. Pedro J. Ramírez Codina, antiguo director de El Mundo, nos da un ejemplo: "… incluida la carga policial contra los trabajadores, no es, por extraño que parezca, sino expresión de ese sentimiento sobrenatural que a todos nos alcanza." Anda en el idioma desde el siglo XIX, y tenemos una primera cita de Julio Calleja, 1870, que escribió: "… aunque por más extraño que parezca, no le ha precedido de cerca…"

Ff

Con pasmosa facilidad (rapidez).

Facilidad, rapidez tal que empresiona.

Pasmoso es lo que causa pasmo o gran admiración y sorpresa, que se unió a facilidad en el siglo XIX, y quizá fuese Vicente Boix (1813-1880) el que emparentó por primera vez estas palabras, y siguen juntas formando esta frase hecha del que Google nos da 110.000 ejemplos de uso, y que ha sido utilizado por finos estilistas como Benito Pérez Galdós, Ortega y Gasset, Carmen Laforet, Mercedes Salisachs, Alfonso Rojo y Vila-Matas. En el Diccionario de Autoridades, 1737, de la Real Academia se nos dice de pasmo: "metaphóricamente vale admiración grande, que ocasiona una como suspensión de la razón o el discurso." Y pasmoso se une a muchas otras palabras como estrago, número, sabio, espectáculo, cuadro, descernimiento, desenfado... Como los clichés se mimetizan, no ha sido éste detectado por los diccionario fraseológicos.

A fecha de hoy.

Hoy.

Cuatro palabras en vez de una. Un verdadero derroche. Cuanto mejor es un escritor, menos palabras emplea para expresarse. Este cliché me lo regala la periodista y presentadora Ely del Valle que escribió en ABC (4/6/2005) y a propósito de los tópicos en el idioma: "… esto del tópico del lenguaje me ha venido a la cabeza precisamente pensando en la escasez de lluvias que ha (sic) fecha de hoy ya puede ser calificada como de 'pertinaz', que es un adjetivo que solo se utiliza seguido de la palabra 'sequía', aunque no tengo ni idea de por qué." Permítame usted que le recuerde las palabras de Camilo José Cela: "Sería buena cosa que los españoles se pusieran de acuerdo para hablar con palabras y no con frases, cutre y mala costumbre a que le han empujado la frecuentemente escasa formación y raro gusto de quienes hablan en voz alta: políticos, periodistas, locutores de radio y televisión, etcétera. La frase suele caer en el tópico, que a veces hasta se fomenta, con lo cual se suma un curioso valor añadido a la necedad." Nos decía Fernando Lázaro Carreter sobre eso del hablar (y escribir) bien: "Pero hablar bien no quiere decir hablar rápido y seguido, o con piezas ociosas de quitaipón, sino establecer una correspondencia justa entre lo que se quiere decir y lo que se dice." Ni más ni menos. Los diccionarios no tienen noticias todavía de este cliché "a día de hoy", tan provocativo y sugerente, aunque largo y ocioso, pero sí el buscador de internet Google, que nos da 37.000.000 de resultados de uso, nada menos.

Inmensamente feliz.

Estado de bienestar y bienaventuranza impropio de mortales.

De todos los clichés recogidos en este libro, quizá sea éste el más descabellado, disparatado y bobo. Si la palabra feliz ya es de por sí tan huera de sentido que una definición es imposible, le añadimos "inmensamente" para terminar de arreglar la patochada. Nuestro filósofo Gustavo Bueno (1924-1916) cita a Goethe (entrevista de María Jesús Molina) que decía que eso de la felicidad era cosa de plebeyos, y explica también que "la felicidad forma parte de esos mitos oscurantistas –junto a la cultura y las izquierdas- que el hombre debe destruir…" Google nos da 440.000 entradas que son "inmensamente felices". ¿Fue Teresa Arroniz, en 1878, la que unió estás dos ideas para siempre? Francisco Umbral, tan poco dado a la frase hecha fácil, la emplea en su *Leyenda del César visionario.* Parece como si en el idioma hubiese una ley que dijese: nunca utilices una palabra si puedes emplear dos o más, una especie de ley lingüística. La ley de Delfín dice: "El escritor mediocre nunca utilizará una palabra si puede decir lo mismo con siete." Un sinsentido.

Mover ficha.

Actuar.

Francisco Rico, miembro de la Real Academia Española y esforzado –aunque algo fallido- cervantista, dice acerca de lo fujaces que son algunas palabras y frases nuevas: "Como ejemplo de la fugacidad de los vocablos y de la cultura de lo efímero que tanto se practica, recurrió a la frase "mover ficha", que esta semana está tan de moda y que en unos días volverá a ocupar su uso natural." Mis pesquisas han dado como resultado varias citaciones de periódicos, desde 1994 hasta el 2004. No he encontrado la locución en diccionarios, ni siquiera en el *Diccionario fraseológico documentado del español actual.* Creo que una vez se dice una frase, y se escribe, ya queda fijada en el idioma, aunque después caiga en desuso, y por eso hay que registrarla, por lo menos para la posteridad. En este momento es cliché de políticos y periodistas. Y Juan Goytisolo (1931–2017) explica: "Como se dice en la detestable jerga de hoy, nadie mueve ficha." ¿Será por el juego de ajedrez? ¿Por el Parchís? ¿Por el juego de la Oca? Muy posiblemente.

Al fin y al cabo.

Resumiendo, en realidad, al fin.

Tautología -fin y cabo- que quiere hacer evidente lo que el que habla, o escribe, cree que lo es, aunque pudiera no serlo (!). También aparece como "al fin y a la postre." Pedro

Gutiérrez de Santa Clara, en su *Quinquenarios o Historia de las guerras civiles del Perú* de 1549-1603 escribe: "pero al cabo y al fin lo vino aceptar." que es como se empleaba la frase antes. Ha tenido tanto éxito que el buscador de Internet Google nos da 456.000 resultados donde aparece el cliché. María Moliner nos dice: "Al fin y al cabo. Expresión con que se introduce una afirmación en apoyo de algo que se acaba de decir y que, en cierto modo, está en oposición con otra cosa hablada con anterioridad, con un pensamiento no expuesto o con la actitud u opinión que se supone en el que escucha: Debes ser tú quien ceda; al fin y al cabo, él es tu padre. Pasaremos el río a nado; al fin y al cabo, no es tan difícil." Esto es un poco confuso. Creo que mi definición es más acertada, por lo menos más breve.

A flor de piel.

Sensible, pronto a reaccionar.

El diccionario de la RAE del 2001 nos dice de "a flor de piel", "sensible, fácil, pronto." Entra en el diccionario en 1984 con la definición de "fácil, pronto" para cambiar en 1989 a "en la superficie, muy cerca de la piel. Fácil, pronto." He descubierto que podemos tener "identificación", "arte", "sensibilidad", "tratamiento", "lágrimas", "nervios", "secuelas", "sentimientos", "dolor", "alegría" a flor de piel, que no es poco. Pero son los "nervios" los que solemos tener más a flor de piel. A María Moliner se le escapó y no lo reseñó, pero muchos otros sí que lo hicieron y hacen en sus escritos, cosa que nosotros no debemos copiar.

Flor y nata.

Lo mejor, lo más excelso.

En la primera parte del Quijote, de 1605, se habla del hidalgo como la flor y nata de la gentileza. En la segunda parte nos habla de "... flor, nata y espuma de los caballeros andantes." Y después de Cervantes emplearon el cliché Modesto Lafuente, Clarín, Ricardo León, Luis Rosales...y hasta Carlos Ruiz Zafón en su *La sombra del viento.* Entonces, pregunto ¿por qué la Real Academia Española espera hasta 1984 para dar partida de nacimiento a tan anciana locución? Nos dice el diccionario: "Lo más selecto en su especie. La flor y nata de la sociedad." Y luego cambia la definición, en el 2001: "(Lo más escogido de algo). La flor y nata de la sociedad." El *Diccionario de uso,* de Vox, copia el ejemplo último del DRAE, y repasa la definición que de nata nos da María Moliner. Pero tenemos la flor y nata "de la gentileza", "de la carlistería", "de los conquistadores", "de los elegantes", "de los sindicatos mineros", "de guerreros", "de toda la hermosura", "de la clase política", "de la aristocracia..." Creo que *La Flor y Nata* fue el nombre de un café de Madrid de principios del siglo XX donde iba Valle-Inclán, y el título de las memorias no autorizadas de José Luis de Vilallonga, 2002. Y muchas más posibilidades.

Nube de fotógrafos.

Varios fotógrafos.

Me avisa de este cliché la periodista Ely del Valle que intuye este asunto de la fraseología tópica y escribió en ABC (4/6/2005): "Hay tópicos que se han convertido en santo y seña de nuestro lenguaje de manera que no hay 'marco' que no sea 'incomparable', ni personaje que no haya sido inmortalizado por 'una nube de fotógrafos', que son el único gremio del mundo que se mueve en nubes, como los mosquitos." El diccionario Redes, de la editorial SM, nos da posibilidades periodísticas con "nube" de "fotógrafos, periodistas, cámaras, jugadores, micrófonos, reporteros..." Es un tic de jerga profesional, un tic, y como nos decía Lázaro Carreter: "...es la moda: hay que meterlo, a cuento o no, en cualquier rincón de lo hablado o de lo escrito, con la intención de quedar *chic*."

Condenado (llamado) al fracaso.

Sin posibilidades de éxito. Fracasar.

Este cliché no ha tenido cabida en los diccionarios generales ni en los fraseológicos a pesar de que se emplea desde principios del siglo XX y que lo avala hasta Julio Casares (1877-1964), secretario perpétuo de la Real Academia Española que dijo: "Todo intento de acompañar la historia semántica de un vocablo desde su aparición en la lengua hasta nuestros días, con una historia paralela de su evolución estilística, está, hoy por hoy, condenado al fracaso." Afortunadamente en los nidos de antaño ya no hay pájaros hogaño, como dice el refrán. No deja de sorprender la asociación del verbo "condenar" y el sustantivo "fracaso" y por eso mismo la frase es un cliché que ha empleado Vargas Llosa, Vázquez Montalbán, Juan Goytisolo y Francisco Marcos Marín, por ejemplo, y que nosotros deberíamos esquivar. Si lo pensamos bien, nada está condenado al fracaso a menos que nosotros lo creamos. Nunca se sabe.

Estrepitoso fracaso.

Fracaso.

En "estrepitoso" el diccionario Clave reseña en su segunda acepción "muy grande o espectacular" y como ejemplo nos regala el "un estrepitoso fracaso." Esto demuestra que ni los lexicógrafos –los componedores de diccionarios- se percatan de las frases hechas, manidas, que pululan por el idioma, y las emplean en sus ejemplos. Claro que María Moliner, faltaría más, hizo lo mismo con estrepitoso: "Muy ostensible o espectacular: 'Un fracaso estrepitoso'." Y el diccionario de la Real Academia, para no ser menos, nos da también "estrepitoso fracaso" como ejemplo de uso para "estrepitoso." Y Google, de internet, registra 100.000 estrepitosos fracasos, que son muchos. Puede que este cliché sea reciente, de los años sesenta del siglor XX, y Vargas Llosa, Premio Nobel, Antonio Skármeta y otros nos dan los ejemplos de uso. Tenemos también la variante "fracasar estrepitosamente."

Fuero interno.

En el fondo, en lo más íntimo de uno, personalmente.

El éxito de esta locución lo demuestra Mr. Google con 310.000 resultados en Internet. Fuero interno es lo mismo que fuero de la conciencia, que es el dictamen interior ajustado a las leyes que debe arreglar las operaciones y toma de decisiones del hombre. Y en su edición de 1992, el Diccionario de la Academia dice: "Libertad de la conciencia para aprobar las buenas obras y reprobar las malas." Ahora indica que una persona en su interior, tiene la libertad que no puede siempre exteriorizar o expresar. Nótese que el eminente crítico y perseguidor de clichés, Julio Casares (*Crítica efímera*) cae también en la trampa y lo emplea: "… señor Cansinos, de quien por entonces no había dicho sola palabra, pública ni privadamente, y a quien tengo en mi fuero interno por uno de los más cultos e intensos escritores de la última hornada." Creo que se empleaba ya en el siglo XVI. Y D. Joaquín Segura, Presidente de la Comisión de Traductores, de la Academia de EE.UU, da un significado especial al cliché: "Después, que cada cual, en su fuero interno, es decir dentro de su país, diga lo que esté acostumbrado a decir..." ("Presente y futuro de la lengua española: Problemas y propuestas." Centro Virtual Cervantes, Congreso de Valladolid.) Pertenece a los "futurólogos lingüísticos" que tanto abundan hoy, que nos hablan del "futuro" de los idiomas. ¡Qué ironía! Desde 1618 venimos empleando esta frase, ahora cliché fosilizado.

Gg

Gajes del oficio (de la codicia).

Los sinsabores, molestias, que acarrea una profesión u oficio.

La frase apareció por escrito en 1642 pero la Academia la reseña en su edición de 1832 por primera vez: "Gajes del oficio, empleo, etc. irón. Las molestias ó perjuicios que se experimentan con motivo del empleo ú ocupación, como las fluxiones al que estudia demasiado." No tienen perdón de Dios, francamente. Qué desidia. Como gaje es emolumento, paga o subvención, es, pues, el tributo que se exige a lo que sea: oficio, codicia, profesión. José Joaquín Fernández de Lizardi, en 1816-27, en su *El Periquillo Sarniento* ya dice: "éste es uno de los gajes de la codicia." La cita del Conde-Duque de Olivares ("Doce mil ducados de renta sobre los maestrajes en plata doble, de que se han de bajar lo que importasen los gajes del oficio de tesorero general de la corona de Aragón, cuando yo suceda en ellos.") se refiere a paga o emolumento.

Es cliché cuando gaje y oficio van juntos. Nadie dice "gajes de la enfermedad", o "gajes de la ignorancia" o "gajes de la sordera." ¿Por qué no? Recoge la palabra Covarrubias en su diccionario de 1611, que ya se documenta en 1400. Será mejor emplear otra frase más fresca y nueva.

Tener a (hacer) gala (de).

Jactarse, vanagloriarse, presumir.

Como gala es un adorno u ornato, algo que añade belleza o esplendor, se reinventó la frase en el siglo XIX –fue empleada antes- y la utilizó Larra, Ricardo Palma y Pérez Galdós. En la edición de 1936, cien años después de que la emplease Mariano José de Larra, entra en el diccionario de la Academia –tarde, como siempre- como igual a "hacer gala." Martínez de Sousa en su *Diccionario de lexicografía práctica* (1995) y hablando de la gratitud, nos dice: "... por la entrega y sacrificio con que suelen realizar su trabajo, por la dureza de éste y por la fidelidad a una idea de que hacen gala." Estoy convencido de que los que "hacen o tienen a gala" no saben lo que dicen. (Martínez de Sousa repite el cliché varias veces en esta obra: "... siempre han tenido a gala mantenerlos en sus diccionarios..."). Abunda tanto que se abre cualquier libro, y allí está. Y Google, el de Internet, nos da 242.000 resultados. Y, por último, me dice Alejandro Gándara, sutil él, "... del nuevo señoritismo andaluz, cuajado de desprecio e ignorancia, de que hacen gala estas estrellas..." Pero esto no acaba nunca porque los políticos son los más adictos a los clichés (y al dinero y la buena vida), y la difunta politicona madrileña Mercedes de la Merced que tenía veleidades literarias, entre otras cosas, escribía en Tiempo de Hoy (10/1/2005) "... los sorprendidos somos todos los ciudadanos por la improvisación permanente de que hace gala el Gobierno." Ahí queda eso. Por favor, lector, no haga gala de nada, y no lo escriba.

Particularmente grave.

Muy grave.

Esta combinación de palabras es reciente, pero atractiva para los escritores. No dicen *muy grave,* o simplemente *grave*, sino *particularmente grave.* ¿Por qué? Nada menos que Octavio Paz y Álvaro Mutis han empleado esta manera de expresarse. ¿Por qué no se dice "particularmente rico", "particularmente estúpido" o "particularmente serio", por ejemplo? Misterios del lenguaje. Y no vayamos a pensar que lo emplea el vulgo, no, sino escritores de prestigio, expertos en el idioma, entre los que hay algún que otro premio Cervantes. Es de reciente aparición, de los años 30 del siglo pasado.

Poner el grito en el cielo.

Quejarse, enfadarse, sulfurarse.

La Real Academia Española define esta frase en su diccionario del 2001 como: "Clamar en voz alta, quejándose vehementemente de algo." Esta locución es antigua; tenemos una primera citación en el Quijote de Avellaneda, de 1614. Entra oficialmente en el diccionario académico en el año 1817 como "Clamar en voz alta quejándose de algún dolor ó pena vehementemente que aflige y atormenta el cuerpo y el ánimo." Lo de "grito" es un decir y no es necesario hacer aspavientos de ningún tipo, contrariamente a lo que cree la Academia.

Hh

Donde los haya.

Que destaca más entre los del mismo grado o importancia. Muy.

En los foros de Internet se encuentran tonterías de todo tipo, pero en especial sobre el idioma, por personas que son nativas pero que desconocen su propia lengua. Es como si le preguntásemos a un pez qué tal está el agua. Sobre esta locución se leen bobadas impropias de gente culta.

Francisco Rodríguez Marín (1855-1944), crítico, historiador y literato español, escribió la primera cita (1933) que aporto sobre esta frase hecha, cliché, que dice: "Que es lo que decía nuestro buen Arcipreste de Hita, expertísimo donde los haya." Esto quiere decir que entre los expertos, el Arcipreste es el más experto de todos. Y Roberto Bolaño nos decía también: "Un hombre íntegro y cabal donde los haya..." que significa que entre los hombres cabales e íntegros, éste es el más íntegro y cabal. El cliché, como se ve, es reciente (aunque algo parecido escribió Joaquín Costa en *Oligarquía y caciquismo como la forma actual de gobierno en España,* 1878: "No violentará la voluntad de los electores, allí donde los haya; no impondrá sus candidatos en ninguna parte por astucia ni por violencia.") y se emplea con frecuencia aunque no ha sido detectado por los diccionarios, ni el de la Academia tiene noticia de él, pero sí lo emplea Álex Grijelmo, que tanto sabe de las seducciones de las palabras y del idioma. Sí que consta en el *Diccionario fraseológico documentado del español actual,* 2004, pero dice que es formal o literario (?) y da la definición: "Siguiendo a la expresión de una cualidad, presenta esta en un grado extremado." Estas expresiones se emplean por inercia más que por la intención de transmitir una idea concreta. Antes del siglo XX no se usaba y parece que les iba bien sin ella. Ahora la frase pulula entre nuestros escritores como zombi maltrecho y Google nos da 900.000 ejemplos de uso donde leemos el "donde lo(s) haya" con *caballero, agradecido, perdedor, tierra ancestral, fascista* y más.

Habido y por haber.

Todo lo imaginable antes, ahora y después.

La Real Academia Española expide partida de nacimiento formal en 1936 y la inscribe en la edición de ese año del diccionario, a pesar de que esta locución es añeja y tiene, como mínimo, 550 años de vida en el idioma. Se emplea en un testamento en 1586 y luego se repite y se repite, como si se hubiese quedado ya grabada a fuego en el subconsciente colectivo de los hablantes. Doña Emilia Pardo Bazán hablaba de "todos los gobernantes y estadistas habidos y por haber…." En su famosa novela *Los pazos de Ulloa,* 1886.

Pasar a la historia.

Haber terminado, concluido.

La "historia" es para María Moliner "Conjunto de todos los hechos ocurridos en tiempos pasados." Estrictamente hablando la historia comienza con el documento escrito y lo anterior a la escritura se llama "prehistoria." Hace 45.000 años el hombre ya expresaba sus ideas y grababa sus acontecimientos mediante pinturas y dibujos. Pero fue el sumerio el primer idioma escrito que data del año 3500 antes de Cristo y que fue la llamada escritura cuneiforme sobre tabletas de arcilla. Desde que don Benito Pérez Galdós nos dijese que la aventura del viejo Feijoo había pasado a la historia, en su *Fortunata y Jacinta,* de 1885, que somos conscientes de que todo pasa, como también repiten Azorín, Díaz-Cañabate, Vargas Llosa y Luis Goytisolo. "Dejar de tener vigencia o actualidad" define el cliché el *Diccionario fraseológico documentado del español actual.*

Marcar un hito.

Acontecimiento importante que implica una diferencia, quizá ruptura, con lo anterior.

Hito es un mojón, una señal de piedra que marca los o las lindes de un terreno, y data del año 1074. A veces las palabras sobreviven y perduran sólo como parte de un refrán, locución o cliché. No olvidemos que el idioma está en constante fluir y cambia de generación en generación. El diccionario Clave, 2002, dice que hito es un acontecimiento o hecho importantes, y algunas de las citaciones corroboran esta definición. "Acontecimiento puntual y significativo que marca un momento importante en el desarrollo de un proceso o en la vida de una persona," nos dice el *Diccionario de uso*, de Vox, del 2002. Es un cliché moderno, aunque data de finales del siglo XIX, al cual se apuntan los intelectuales y periodistas. Uno de los últimos es el pensador José Antonio Marina que nos dice en su *Memorias de un investigador privado*, (2003) "Cundió la idea, el sentimiento y el espejismo de que lo sucedido marcaba un hito en la historia de la humanidad." "Ser un punto culminante o destacado" define el *Diccionario fraseológico documentado del español actual.* Siempre tenemos definiciones para todos los gustos.

No tener (sin) vuelta de hoja.

No haber otro remedio o solución.

Cuando leemos volvemos las páginas. Y cuando nos aburre lo que leemos, damos vuelta a la página, a la hoja. Con este cliché no hay caso, no podemos dar vuelta a la hoja. Aparece por primera vez en Academia en 1884 como "Ser incontestable." En 2001 sigue la misma definición. No lo incluye el *Gran diccionario de frases hechas*, de Larousse, y tampoco el Clave2, pero sí aparece por escrito en 1856: "Por una sencilla razón que no tiene vuelta de hoja." Si "doblar la hoja" es suspender lo que se hace o trata, no tener vuelta la hoja significa que no hay más que lo que hay y tenemos que acatarlo. María Moliner nos da la definición de "claro e indiscutible."

Hacer honor a.

Justificar, ser digno de lo que se expresa.

La definición, como la traducción, no es tarea dulce y ésta me ha puesto reparos. Doy algunas más para que el lector se haga cargo:

Diccionario fraseológico documentado del español actual: "Ajustarse (a ello) en las cualidades o el comportamiento."

María Moliner, 1966: "Conducirse como corresponde a lo que se expresa."

Clave2: "Ponerlo de manifiesto o dejarlo en buen lugar."

Diccionario de uso del español de América y España: "Comportarse (una persona) como corresponde a lo que se expresa."

Diccionario de la Real Academia Española, 2001: "Demostrar ser digno de algo."

Ni el *Diccionario ideológico* de Julio Casares ni el *Diccionario fraseológico del español moderno*, de Varela y Kubarth, y ni siquiera el *Gran diccionario de frases hechas* de Larousse reseñan esta entrada.

La Real Academia de la Lengua admite esta frase por vez primera en su diccionario de 2001. ¿Por qué no antes? Misterios lingüísticos considerando que Julio Casares, por ejemplo, secretario de la "docta casa" la empleó en 1919. No nos fiemos jamás de los diccionarios.

Emilio Lledó nos da un buen ejemplo de uso cuando nos dice: "... y la editorial Beck de Munich los ha publicado en un volumen que, por su belleza, hace honor a la gran tradición tipográfica alemana."

A(l) día de hoy.

Hasta hoy, ahora, en la actualidad, hoy.

Los diccionarios no se han percatado de la existencia de este cliché que se colocó en el idioma en el siglo dieciséis, y que sigue empleándose haciendo el zombi: "Al día de hoy, afirman los afectados, [...] la situación sigue igual." Esto lo escribe el diario La Nueva España, en marzo del 2005 y no vayámos a creer que es de uso restringido porque el buscador de Google nos da 82.400 ejemplos de uso en el mundo hispánico y cibernético, que es más real que la mejor hemeroteca. Pedro Salinas escribió "Del Río está terminando una Historia de la literatura española, que va a tener dos tomos y llegará al día de hoy." Claro, ese "al día de hoy" sólo tiene significado si sabemos la fecha cuando escribió la frase, ya que *tempus fugit* con rapidez cotidiana. El *Diccionario fraseológico documentado del español actual*, reseña "a dia de hoy" sólo, que resulta ser una versión pervertida de nuestro cliché y que demuestra lo mutantes que son las frases.

Hoy en día.

Hoy, ahora, en la actualidad.

Otro ejemplo de escribir tres palabras cuando una es suficiente. El diccionario de la Academia de 1780 define la locución como "en el tiempo, o estación presente, ahora." En su edición del 2001 cambia un poco la definición, aunque no es muy feliz: "En esta época, en estos días que vivimos." En realidad equivale a "en el día de hoy", hoy, ahora. Tenemos una primera cita temprana, de 1325, "Et fízoles tanto bien, que hoy en día son heredados los que vienen de los sus linages...", de *El Conde Lucanor*, nada menos. Y a pesar del éxito que ha tenido, yo prefiero siempre la brevedad, por aquello de que lo bueno, si breve, dos veces bueno, y me inclino por "ahora", "hoy". Y resulta chocante ver que Google nos da 28.000.000 de ejemplos de uso. Quizá sea el cliché más difundido en lengua castellana flotando por el ciberespacio. Cerramos las citaciones con una de César Antonio Molina, ex ministro de Cultura maltratado injustamente por el expresidente socialista Zapatero, que nos dice "Hoy en día la injusticia que más le preocupa es la de los niños..."

Hoy por hoy.

En este momento, en la actualidad, por ahora.

En la traducción de *El Evangelio según San Mateo*, 1526, Juan Valdés (1509-1542) traduce 6:26 "... habemos de comer, de beber y de vestir otro día, pues basta que pensemos hoy por hoy y mañana por mañana..." donde emplea la expresión que entra en el diccionario de la Academia Española de la Lengua en 1884 como "En este tiempo, en la estación presente." Luego, en 1992 cambia a "por ahora". El cliché tiene solera literaria y empleada por escritores de prosapia, como Rafael Sánchez Ferlosio, en *El Jarama*: "La apariencia es lo que manda, hoy por hoy…"

Huida hacia adelante.

Alejarse de una situación enojosa sin reflexionar, de suerte que la empeora.

No se huye hacia atrás ni hacia delante. María Moliner da una definición buena del verbo huir: "Marcharse precipitadamente de un sitio por temor." El Diccionario de la Academia del 2001 se mete en un berenjenal en su definición: "Huir. Alejarse deprisa, por miedo o por otro motivo, de personas, animales o cosas, para evitar un daño, disgusto o molestia." Este cliché es reciente y muy empleado especialmente en los periódicos. Es interesante porque podemos presenciar cómo se propaga una frase más o menos afortunada y se convierte en cliché. Naturalmente que no consta en ningún lexicón todavía, excepto en el *Diccionario fraseológico documentado del español actual*, que lo reseña como "huir hacia delante", y da la definición "Actuar [alguien] de manera arriesgada o muy intensa, para salir de la mala situación en que está o para hacer frente a los problemas." Pues muy bien. La primera autoridad que he conseguido es de 1977 y la más reciente, por ahora, es del 2017.

li

Penoso incidente.

Lamentable, desagradable situación.

Lo que repercute en un asunto es un incidente, que también es una pelea, trifulca, altercado, del latín *incidere*, ocurrir. Penoso es que causa pena, sentimiento de tristeza. Las dos palabras se juntaron en los años setenta del pasado siglo XX y siguen conviviendo tan felices. Rara vez es este incidente "lamentable," "desagradable," "lastimoso," "patético"... sino "penoso", siempre penoso. Esta frase tópica, este cliché, se ha establecido en el periodismo actual, a los dos lados del Atlántico, y no lleva camino de desaparecer, a pesar de que no consta en el *Redes, Diccionario combinatorio del español contemporáneo*, 2004, pero sí que podemos leerlo en cualquier periódico: en *Quién*, 8/05/2017, "El penoso incidente que sufrió Alejandro Fernández…"

Última instancia.

Al fin, como último recurso.

Instancia es, en derecho, cada uno de los grados jurisdicionales que establece la ley para ventilar los juicios. Recordemos los malditos Juzgados de Primera Instancia. La primera cita de Juan Pérez de Montalbán (1602-1638) en *La monja alferez* menciona esto: "... con atención más piadosa le da plazos en que prueba, que el Nuevo Cid la provoca a la pendencia y por ser justa, y natural la propia defensa, en la última instancia la sentencia se revoca. Restituída a su traje en las Trinitarias Monjas la recluyen por la fama que tiene de religiosa." Luego ya adquiere otro significado, el de al fin, como último recurso, que María Moliner define como "Si no queda otro medio o remedio." Y con este significado nos da un buen ejemplo Joaquín Costa (1846-1911) en su *La fórmula de la agricultura española,* de 1878, "... en un todo las leyes naturales de la producción, y principien a lucir mejores días para las clases más necesitadas, sobre quienes vienen a recaer en última instancia las consecuencias de estas protecciones artificiales, en apariencia útiles a unos pocos, en realidad dañosas a todos." Y ha tenido mucho éxito y ha proliferado tanto que el buscador de internet Google nos da nada menos que 990.000 ejemplos de uso.

Jj

Poner en tela de juicio.

Cuestionar, dudar de, poner en duda.

Tela era, entre otras cosas, un examen, disputa, para dilucidar alguna cuestión. Esta locución adverbial ha logrado convertirse en un cliché durante los pasados 450 años, que no es poco. Incluso la Real Academia Española lo emplea en el prólogo a su edición de 2001 del diccionario, cuando dice: "Basándonos en los mismos datos -fiables en el momento de plantear la supresión, lo que, claro está, siempre comporta el riesgo de que posteriormente se hayan incorporado nuevos datos que pongan en tela de juicio lo ya hecho…" Y es que zafarse del cliché no es cosa fácil. Hay que estar muy alerta. Cervantes no emplea muchos clichés o frases manidas, como se puede apreciar en este libro, pero éste sí, y luego le han seguido muchos otros escritores de prestigio. Y para no ser menos, el sutil y enigmático filósofo José Antonio Marina se anima y dice: "En la actualidad, las investigaciones genéticas vuelven a poner en tela de juicio la posibilidad de cambio."

Y para añadir un remate final que viene muy a cuento, Ignacio Bosque, gran y admirado lingüista, en la introducción-estudio al Diccionario REDES, y hablando de "usos comunes" nos dice: "Este es otro factor que pone en tela de juicio su posible representatividad como muestra de los usos comunes que pueden considerarse no marcados." El cliché tienta a todos y hay que estar muy alerta para no caer en sus redes, como el escritor Mario Mendoza que escribe "este libro pone en tela de juicio las nociones generales de realidad y tiempo." Y se queda tan a gusto.

(Estar uno en su) sano juicio.

Cordura, sensatez; estar cuerdo, ser sensato, razonable.

"Estar alguien en su entero (sano) juicio. Estar cuerdo: tener completas sus facultades mentales. Estar en situación de juzgar sensatamente." Esto nos lo dice el original del diccionario de María Moliner. ¿Será sano juicio una colocación? El idioma es una herramienta muy compleja y la gente la emplea como buenamente puede y como la ha aprendido en entornos sociales, culturales y geográficos diferentes que influyen mucho. Las colocaciones, por ejemplo, -sano juicio- son en la práctica dos o más palabras que van juntas siempre. Pero estas colocaciones que muchos creen fijas no son en realidad muy fijas, ni lógicas ni predecibles. En el caso de lo que yo llamo colocaciones-clichés, se forman de manera arbitraria y luego se repiten por haberse oído o por pereza mental y también porque "suena" como normal y natural que dos palabras vayan juntas a todas partes. Pero esto no es así, ni debe ser así; de tal manera que si probamos a cambiar "sano juicio" por las definiciones que aporto, los textos mejorarían. Pero como tenemos esta cohabitación desde, por lo menos, 1417, tendremos que resignarnos y tener paciencia, y barajar también.

Ser de juzgado de guardia.

Inaudito, inadmisible, punible, denunciable.

Locución reciente y de uso en la conversación coloquial. La reseña el DRAE por primera vez en la edición de 2001: "loc. Adj. Coloq. Intolerable, inadmisible", no antes. La primera citación que hemos encontrado es del año 1986. Pertenece a la jerga de abogados y ha trascendido a la vida cotidiana. Sin embargo, Juzgado de guardia no aparece en el diccionario de la Academia. Sí consta el cliché en el Clave, y el *Diccionario fraseológico documentado del español* actual, 2004, da la definición: "[cosa] que merece ser denunciada ante la justicia." Se visita el juzgado de guardia para poner una denuncia que no admite dilación. A pesar de todo es siempre mejor no acercarse demasiado a los juzgados, y menos a los jueces. Y de abogados no hablemos.

www.ingramcontent.com/pod-product-compliance
Lightning Source LLC
LaVergne TN
LVHW101944220826
846093LV00006B/108

* 9 7 8 8 4 1 8 1 2 1 1 9 7 *